Prager
Staatswissenschaftliche Untersuchungen

Herausgegeben von
H. Rauchberg • P. Sander • L. Spiegel • A. Spiethoff
R. Zuckerkandl • A. Zycha

Heft 4

Die sogenannten Sobieslaw'schen Rechte

Ein Prager Stadtrechtsbuch aus dem 15. Jahrhundert

Mit einer deutschen Übersetzung

herausgegeben und erläutert
von
Dr. Rudolf Schranil

München und Leipzig
Verlag von Duncker & Humblot
1916

Veröffentlicht
mit Unterstützung der Gesellschaft zur Förderung deutscher Wissenschaft,
Kunst und Literatur in Böhmen.

Altenburg
Pierersche Hofbuchdruckerei
Stephan Geibel & Co.

Vorwort.

Die vorliegende Ausgabe eines in der deutschen Literatur nur wenig beachteten tschechischen Rechtsdenkmals führt uns mitten in die letzten Wellen der großen hussitischen Bewegung hinein. Nachdem durch diese im ganzen Lande ein Umsturz der bisherigen Rechtsordnung herbeigeführt worden war, erwies sich ein Neubau als nötig, und dies erkannte man vor allem in der Hauptstadt des Landes selbst. Trotz der vielen Neuerungen ließen sich die Brücken zur Vergangenheit nicht zerstören, umsoweniger, als man die Notwendigkeit empfand, die neuen Einrichtungen mit dem Schein hohen Alters zu umgeben. Um dem Neuen eine höhere Autorität zu sichern, wurde altes und neues, wahres und vermeintliches Recht mit einander verknüpft und das Ganze als längst bestandene Ordnung ausgegeben. So kennzeichnen sich die Sobieslawschen Rechte als ein charakteristisches Erzeugnis des reformierenden Geistes der damaligen Zeit, ausgezeichnet im übrigen durch stofflichen Reichtum, der über die öffentlich- wie privatrechtlichen Verhältnisse in zahlreichen Einzelbestimmungen sich erstreckt. Für ihr hohes Ansehen spricht, daß sie von 1447 bis etwa 1536 fast in allen Rechtshandschriften eingetragen erscheinen. Eine Ausgabe schien deshalb von Wert für die Erforschung der Rechtszustände in Prag während des Überganges zur Neuzeit. Die Übersetzung und kurze Kommentierung dürfte den der böhmischen Rechtsgeschichte Fernerstehenden willkommen sein.

Es sei mir an dieser Stelle gestattet, den Leitungen der kk. Universitätsbibliothek in Prag, des kgl. böhm. Landesarchivs, der Bibliothek des kgl. böhm. Landesmuseums, des Prager städtischen Archivs und des fürstlich Schwarzenbergschen Zentralarchivs in Wittingau, der fürstlich Lobkowitzschen Bibliothek in Prag, ferner der fürstlich Fürstenbergschen Zentraldirektion in Pürglitz, endlich dem hochwürdigen Stift Strahow in Prag, welche mir ihre Bestände in der bereitwilligsten Weise zugänglich gemacht haben, dafür bestens zu danken.

Besonders aber fühle ich mich verpflichtet, dem hochverehrten Herrn Professor Adolf Zycha, welcher diese Arbeit angeregt und mit manchen Winken und Ratschlägen begleitet hat, meinen innigsten Dank auszusprechen. Sie bot mir Gelegenheit, in die Quellen und in die überaus reiche geschichtliche und rechtsgeschichtliche Literatur Böhmens eingeführt zu werden.

Herr Professor Spina in Prag hatte die Freundlichkeit, bei der Korrektur mir behilflich zu sein, wofür ihm auch an dieser Stelle der ergebenste Dank erstattet sei.

Prag, am 1. Juli 1915. Dr. Rudolf Schranil.

Inhaltsverzeichnis.

	Seite
Einleitung	5
I. Charakteristik des Werkes	7
II. Systematische Darstellung des Rechtsstoffes	14
1. Die Landesverfassung	14
2. Die innere Stadtverfassung	16
a) Bürger, Einwohner, Gäste, Juden	16
b) Die Gemeinde	20
c) Der Rat	22
d) Das Stadtgericht	27
e) Die Organe des Rates: Schreiber, Boten und die niederen Diener	29
f) Handel und Gewerbe	30
g) Militärische Verfassung und Finanzen	33
3. Verhältnis der Stadt nach außen	35
4. Privatrecht	36
a) Allgemeines	36
b) Sachenrecht	37
c) Schuldrecht	38
d) Familienrecht	39
e) Erbrecht	40
5. Strafrecht	42
6. Prozeßrecht	44
7. Rechtsstellung der Deutschen	47
III. Die Handschriften	48
IV. Ausgabe	53
Einleitung	53
A. Die Sobieslaw'schen Rechte	55
B. Das Stadtrecht der Altstadt Prag	58
C. Die Zusätze zu den Sobieslaw'schen Rechten	86
D. Die Zusätze zum Stadtrecht der Altstadt Prag	88

Einleitung.

Man pflegt im böhmischen Stadtrecht des Mittelalters zwei große Gruppen von Städten zu unterscheiden; die eine mit Leitmeritz und Königgrätz an der Spitze lebte nach Magdeburger Recht, die andere Gruppe nach süddeutschem Stadtrecht.[1] Die Einfallstore des letzteren waren verschieden. Teils sind es direkte Einflüsse, die von Nürnberg, Regensburg, Wien ausgingen, teils bildeten die mährischen Stadtrechte, Brünn und Iglau, die Verbindung. Das aus der Fremde gebrachte Recht blieb aber nicht in seiner reinen, ursprünglichen Form erhalten. Es wurde in Böhmen weitergebildet und zum Teil den heimischen Verhältnissen angepaßt.

Das hervorragendste Recht in Böhmen, welches sich selbständig weiterbildete, ist das Recht der Altstadt Prag. Seinen Ausgangspunkt finden wir nach den Ergebnissen der neuesten Untersuchungen[2] im echten Sobieslawschen Freiheitsbrief für die Deutschen in Prag, welcher von einzelnen Königen im 13. und anfangs des 14. Jahrhunderts für die Prager Gemeinde bestätigt wurde. Dieser Grundstock des Prager Rechtes wurde durch die Statutargewalt teilweise ergänzt und den geänderten Verhältnissen angepaßt. Dazu kamen neue königliche Privilegien, so jene über die Sonderstellung gegenüber den Landesbeamten, über das Gästerecht, über den Weinbau in der Umgebung der Stadt usw. Da es aber immer nur einzelne Rechte und Freiheiten waren, welche so der Stadt verliehen wurden, und nur einzelne Statuten, welche in der Stadt entstanden, mußte sich im übrigen die Gemeinde, wenn sie nicht ein selbständiges Gewohnheitsrecht hervorbrachte, an fremde Rechte und fremde Rechtsquellen halten. Als dieses fremde Recht hat sich, nachdem vielleicht eine Zeitlang mehrere Rechte nebeneinander galten, schließlich das Nürnberger Recht[3] durchgesetzt, von dem eine Urkunde von 1315[4] sagt: quo maior civitas nostra

---

[1] Hanel, O vlivu práva německého v Čechách a na Moravě, 1874, S. 23 ff.; Tomek, Dějepis města Prahy II, Prag 1892, S. 309; Kapras, Právní dějiny zemí koruny České, Prag 1913, I 57 ff.; Zycha, Über den Ursprung der Städte in Böhmen und die Städtepolitik der Przemysliden, Prag 1914, S. 204; Luschin v. Ebengreuth, Österr. Reichsgesch., 2. Aufl. 1914, I 426.

[2] Zycha, Prag, ein Beitrag zur Rechtsgeschichte Böhmens im Beginn der Kolonisationszeit, Prag 1912, S. 192 ff.; vgl. auch Tomek, Geschichte der Stadt Prag I, Prag 1856, S. 190 u. 299 ff.; Lippert, Sozialgeschichte Böhmens in vorhussitischer Zeit, II, Wien 1898, S. 138 ff. Anderer Ansicht Čelakovský, O začátcích ústavních dějin starého města Pražského 1904, S. 11 u. 22 ff.; letzterem hat sich angeschlossen Kapras, Das Pfandrecht im böhm.-mähr. Stadt- und Bergrecht, Gierkes Untersuchungen 83, S. 6.

[3] Köpl, M. J. O. G. VIII 307 ff.; Lippert, a. a. O. II 143; Zycha, Prag, 215 ff. Das sogenannte Ottokarische Stadtrecht, Jireček, Codex iuris Bohemici II 4, S. 1 ff., ist in seiner Beziehung auf Prag nicht ganz geklärt, Zycha, Prag, S. 218 ff.

[4] Regesta Bohemiae et Moraviae ed. Emler, IV 2128.

Pragensis a prima sui fundatione freta est et fruitur. Noch 1381 und 1387[1] hören wir davon, aber sichere Spuren eines tatsächlichen Rechtsverkehrs mit Nürnberg lassen sich nach den neuesten Forschungen[2] nicht auffinden. Dagegen haben sich sichere Nachrichten des Gebrauches verschiedener deutscher Rechtsbücher erhalten, vor allem des sog. Schwabenspiegels, des Weichbildrechts; außerdem wurden das Brünner und Iglauer Recht in Prag verwendet und bei Abfassung des Prager Rechtsbuches[3] stark benutzt. Auf diese Weise hatte sich eine Summe deutscher Rechtsregeln in Prag erhalten und ausgebildet, als der hussitische Umsturz eintrat.

Die Abneigung gegen alles Deutsche brachte es nun mit sich, daß jetzt eine größere Anzahl deutscher Rechtsquellen ins Tschechische übersetzt wurde; darunter finden wir das Weichbildrecht, jetzt vikpildské právo genannt, ferner den sog. Schwabenspiegel, jetzt bezeichnet als práva velikého města Pražského; hinzu kommen Übersetzungen der statutarrechtlichen Bestimmungen, so finden wir die statuta consilii von 1380 in den práva konšelská wieder.[4] Mit bloßen Übersetzungen begnügte man sich jedoch nicht. Es wurde neues Recht dem alten hinzugefügt, dem übersetzten fremden Recht einheimisches Recht gegenübergestellt. Ein Teil hiervon hat sich über das 15. Jahrhundert hinaus erhalten in den práva konšelská der erweiterten Fassung, wie sie Brictius von Liczko seinem Stadtrecht voranstellte.

Aber bereits in der zweiten Hälfte des 15. Jahrhunderts, zuerst 1468 hatte das Brünn-Iglauer Recht in der Form des liber oder cursus civilium sententiarum in tschechischer Übersetzung über Kuttenberg, wo es zuerst eine Heimstätte gefunden hatte, erneut Eingang gefunden und Anfang des 16. Jahrhunderts durch die Neubearbeitung des Brictius v. Liczko von etwa 1536 eine neue, jedoch rein private Fassung erhalten, um nach einigen Jahrzehnten von dem zu offizieller Geltung gelangten romanistisch gehaltenen Stadtrecht des Paul Christian von Koldin vom Jahre 1579 abgelöst zu werden.[5]

In die Zwischenzeit nun vor das erneute Vordringen des Brünn-Iglauer Rechtes fällt unsere Quelle; sie steht in der Mitte zwischen dem älteren „Prager Recht", den práva velikého města Pražského, das aus dem Südwesten nach Böhmen gelangt war, und dem jüngeren Recht des Brictius v. Liczko, einem ebenfalls fremdländischen, aus dem Südosten eingedrungenen Recht.

---

[1] Čelakovský, Codex iuris municipalis regni Bohemiae II Prag 1886, Nr. 618; Palacky, Über Formelbücher, zunächst in Bezug auf böhm. Geschichte, Prag 1843, 1848, II 126, Nr. 149a.

[2] Zycha, Prag, S. 216 Anm. 1 und S. 217.

[3] Rößler, Deutsche Rechtsdenkmäler aus Böhmen und Mähren I, Das Altprager Stadtrecht aus dem XIV. Jahrhundert, Prag 1845 S. 101 ff.

[4] Emler, Právník IX, 44 f.; Tomek, Dějepis II 313. Jireček, Právnický život v Čechách a na Moravě, Prag 1903, Nr. 165.

[5] Čelakovský, O právech městských mistra Br. z Liczka a o poměru jich k starším sbírkám právním, Právník XIX 797 ff.; Grunzel in Mitt. d. V. f. Gesch. d. Deutschen i. Böhmen XXX, 152 ff.; Jireček, Právnický život, Nr. 233 u. 259. Ausgaben von Jireček, Codex iuris Bohemici, tomi IV, pars III, sectio I et II. Prag 1880 und 1876.

I. Charakteristik des Werkes.

Das als die Sobieslawschen Rechte, práva Soběslavská, in der Literatur bezeichnete Stadtrecht der Altstadt ist keine einheitliche Arbeit. Wir können, wenn wir von den verschiedenen Zusätzen absehen, deutlich zwei Teile unterscheiden.

Der eine Teil (A 1 bis 6) gibt sich als ein zur Zeit des Wyschehrader Fürsten Sobieslaw geschaffenes Recht aus, wurde angeblich durch einen Staatsvertrag zwischen Fürst und Ständen, nach einer Handschrift (M 2) im Jahre 1135, also unter Sobieslaw I. (1125—1140) festgesetzt und bis zum Ende der Przemyslidenherrschaft beobachtet. Dies sind die eigentlichen Sobieslawschen Rechte; sie betreffen nicht innerstädtisches Recht, sondern beziehen sich auf die Landesverfassung.

Anders der zweite Teil in seiner vermutlich ältesten Gestalt (B 1 bis 118, D 3 und 4, B 119 bis 126).[1] Er betrifft Freiheiten und Rechte, swobody a prawa, der Altstadt Prag, enthält weitaus überwiegend innerstädtisches Recht, in seinem ältesten Teil zumeist Verfassungsrecht, und wird zurückgeführt auf König Johann von Luxemburg, der angeblich 1310[2] der Altstadt Prag dieses Recht verliehen hat. Durch Zusätze von Anordnungen Karls IV. von 1351 betreffend den Weinausschank[3] und eine Reihe von Nachträgen und Zusätzen, welche teilweise auf Ottokar II.[4] zurückgeführt werden, wurde der ursprüngliche Inhalt stark erweitert.

Der in keiner Handschrift genannte Verfasser will uns nicht Urkunden oder Privilegien vorführen, sondern nur eine Darstellung des von altersher überkommenen Prager Stadtrechts bieten; kurz, es handelt sich hier um ein Rechtsbuch. Der Stoff wird im Abschnitt B in einer gewissen Ordnung vorgetragen. Der Verfasser spricht zuerst vom Rat (Art. 1—35), dann vom Bürger-

---

[1] Siehe unten Abschnitt IV Einleitung.
[2] Das Jahr 1310 könnte nur bei Zugrundelegung der florentinischen Jahresepoche passen; dieser hierzulande ungewöhnliche Jahresanfang ließe sich nur aus der Persönlichkeit des Verfassers erklären. Nach A 5 erfolgt die Bestätigung der Rechte und Freiheiten vor der Verbindung mit dem Lande, d. h. vor der Krönung. Letztere fand aber nicht 1310, sondern am 7. Februar 1311 unserer Zählweise statt, nachdem Johann anfangs Dezember 1310 Prag im Sturme genommen hatte und zu Weihnachten 1310 die jetzt angefochtene Bestätigung der Landesprivilegien erteilt haben soll. Tomek, Geschichte der St. Prag, Prag 1856, S. 561; Dějepis m. Prahy I 1892, S. 513; Koß, Zur Kritik der ältesten böhmisch-mährischen Landesprivilegien, Prag 1910, S. 77 u. 86. Der Dienstag vor dem hl. Blasius ist der 2. Februar 1311 (1310 ist der Tag des hl. Blasius, 3. Februar, selbst ein Dienstag).
[3] B 127, 128.
[4] D 25, 26.

meister (36—44), vom Richter (45—59), von den Stadtschreibern, Boten und Amtmannen (60—68 und 70). Es folgen dann eine Reihe teils privat-, teils verfassungsrechtlicher Artikel, wie auch in die vorhergehenden Abschnitte Bestimmungen anderen Inhalts eingestreut sind. Der Verfasser hat sich die Anordnung des Stoffes etwa folgendermaßen gedacht: von der Rechtsstellung der einzelnen Bürger (72—103); von den Rechten und Pflichten der Stadt, miesto, namentlich dem König gegenüber (104—109); schließlich von den Handwerkern, Juden und von den Kaufleuten (111—123).

Mannigfach verschieden war die zeitliche Ansetzung und geschichtliche Wertung der Quelle. Während man früher mehr oder weniger an ihren Inhalt geglaubt und sie demgemäß in sehr alte Zeit versetzt hat, wurde ihr Charakter als Parteischrift des 15. Jahrhunderts zuerst eingehend von Dobrowsky[1] dargelegt. Er setzt die Abfassung in die Zeit der Regierungslosigkeit unter Sigmund oder nach seinem Tode, keinesfalls aber vor die Ankunft Korybuts oder vor den Tschaslauer Landtag von 1421. Diese Zeitbestimmung, 1421, wurde von Palacky[2], Erben[3], Bezold[4] und bezüglich des ersten Teiles von Jireček[5] übernommen. Eine andere Ansetzung finden wir bei Tomek[6] und Čelakovský.[7] Darnach fällt die Abfassung in die Zeit vor 1447, vermutlich nach 1438, bzw. nach Čelakovský in die Zeit des Interregnums nach 1439. Durch letzteren ist die Frage meines Erachtens endgültig gelöst worden. Denn alle die Vereinbarungen zwischen Fürst und Ständen, die im ersten Teil aufgezählt werden, müssen aus den Zeitereignissen heraus erklärt werden. Die Verwahrungen der Stände gegen die Fürsten, namentlich solche, welche landesfremde Deutsche an ihren Hof rufen oder gar Raub und Gewalt gegen das Königreich oder schmähliche Beschuldigungen, besonders jene der Ketzerei, gegen das Land zulassen (A 6), erklären sich aus den Ereignissen zur Zeit Kaiser Sigmunds. Der Fall ferner, daß das Land verwaist, kein erbberechtigter Fürst vorhanden ist, ist erst nach Sigmunds Tode eingetreten. Endlich die Vorrechte der Altstadt Prag in der Zwischenzeit erklären sich durch die historischen Ereignisse des Jahres 1439, die tatsächliche Landesherrschaft, welche die Prager und namentlich

---

[1] Časopis společnosti wlastenského Museum w Čechách. 1. Jahrgang, 3. Heft, Prag 1847 S. 31—36.
[2] Böhmische Geschichte III, 182 (2. Aufl. III, 2, 45).
[3] Výbor z literatury české, Prag 1868, II 315.
[4] Zur Geschichte des Hussitentums, München 1874, S. 79.
[5] Právnický život v Čechách a na Moravě, Prag 1903, Nr. 179, S. 235f.
[6] Dějepis města Prahy VIII, Prag 1891, S. 299ff.; ihm folgt Pič in den Mitt. d. V. f. Gesch. d. Deutsch. i. B. 44 (1906), S. 432, u. Winter, Kulturní obraz II 632.
[7] Ottův slovník naučný VI, 464 (1893) und XXIII, 562 (1905); O začátcích ústavních dějin starého města Pražského, Prag 1904, S. 4f.; Povšechné České dějiny právní 1913, S. 635ff., wo er eine genaue Übersicht des Rechtsbuches gibt. Weniger bestimmt, Mitte des 15. Jahrhunderts, äußern sich Rößler, Das Altprager Stadtrecht a. d. XIV. Jahrh. Prag 1845, S. XXVI; Jungmann, Historie literatury české, Prag 1849, S. 37; Zycha, Prag, S. 4 Anm. 3; Teige, Základy starého místopisu Pražského I, Prag 1910, S. 35.

I. Charakteristik des Werkes.

ihr Bürgermeister Peter (Pešik) von Kunwald ausübten. Hinzu kommt noch, daß in der Quelle jede Andeutung des großen religiösen Streites fehlt.[1] Die Abfassung muß daher unbedingt zu einer Zeit erfolgt sein, als man in den maßgebenden Kreisen Prags jede Aufrührung desselben vermied. Auch die deutschfeindlichen Bestimmungen sind schon gemäßigt gehalten, wenn man bedenkt, wie sehr die Deutschen während des Hussitenaufstandes selbst bedrängt waren; nur eine Stärkung des deutschen Elementes und seines Einflusses soll verhindert werden, während die deutsch gebliebene Bevölkerung als solche geduldet wird.

Die Frage, wer als Verfasser in Betracht kommt, hängt zusammen mit der Frage nach der Tendenz der Arbeit und nach dem Quellenwert derselben. Čelakovský spricht sich nicht klar darüber aus. Er hat früher[2] die Vermutung geäußert, daß die Aufzeichnung des ersten Abschnittes (A 1—6) durch einen Parteigänger der Prager und ihres Bürgermeisters zur Stütze ihrer Herrschaft, vielleicht durch einen Stadtschreiber[3] erfolgte. Im Abschnitt B gibt es aber Artikel, jene über die Amtsdauer des Rates und der Bürgermeister, welche mit der langen Amtstätigkeit des Peter von Kunwald[4] nicht ganz im Einklang stehen. Die Unstimmigkeit sucht Čelakovský daher durch den Hinweis auf Artikel B 1, 2, 4 aufzuklären, welche nach seiner Ansicht[5] den Fall der Nichterneuerung des Rates in der königlosen Zeit vor Augen haben; der erste Bürgermeister, dessen späterer Titel primator ist, hätte das Amt bis zur Wiederkehr normaler Verhältnisse weitergeführt. An einer späteren Stelle[6] jedoch führt Čelakovský auch einige Bestimmungen des ersten Abschnittes auf Gegner Kunwalds zurück.

Für die Abfassung durch einen Stadtschreiber sprechen mehrere Gründe. Abgesehen von allgemeinen Erwägungen und der einigermaßen systematischen Ordnung sowie der präzisen Ausdrucksweise spricht dafür die besondere Genauigkeit, mit welcher unsere Quelle von den Stadtschreibern und ihrer Geschäftsaufteilung handelt (B 60ff.). Die Betonung der Interessen der höchsten Schreiber (B 62 am Schluß) könnte auf den damaligen Träger dieses Amtes Zdimir von Sedletz als mutmaßlichen Verfasser, bezw. Kompilator unserer Quelle hinweisen, den höchsten Schreiber von etwa 1437 bis 1446.[7] Weiter kommt hierfür in Betracht die Einleitung zum Stadtrecht der Altstadt (Abschnitt B),

---

[1] Namentlich kommt da in Betracht B 103; vgl. dazu Tomek VIII 295.
[2] Ottův slovník naučný 23 (1905), S. 562.
[3] Auch Tomek vermutet Abfassung durch einen Stadtschreiber.
[4] Über dessen Amtswirksamkeit vgl. Čelakovský, Povšechné dějiny 634.
[5] Povšechné dějiny 636.
[6] Povšechné dějiny 637f., im Jahre 1913 erschienen.
[7] Tomek, Dějepis VIII 280. Bestimmte Anhaltspunkte für die Autorschaft des Zdimir von Sedletz lassen sich nicht gewinnen. Letzterer ist nach Tadra, Kanceláře a písaři, Rozpravy české akademie c. Fr. Jos. tř. I, Jahrg. 1. Teil 2, S. 160, und Čelakovský, Soupis rukopisů chovaných v archivu kr. hl. m. Prahy I, Prag 1907, S. 45, auch der mutmaßliche Schreiber zahlreicher Einträge im liber tertius Veteris urbis Pragensis

I. Charakteristik des Werkes.

deren Datierung wohl in der Anlegung des Prager Stadtbuchs vom Jahre 1310[1] ihren Grund hat; sie kann höchstens von einem Schreiber stammen.

Was die so mannigfach erörterte Tendenz betrifft, so müssen wir uns vorerst vergegenwärtigen, daß die Beantwortung dieser Frage von der Beantwortung einer anderen Frage abhängt, nämlich, ob sich Teile unserer Rechtsquelle auch in anderen Rechtsaufzeichnungen finden. Tatsächlich trifft dies zu; ein großer Teil stimmt wörtlich mit den in der Hussitenzeit, nach Čelakovský[2] in den Jahren 1413 und 1417 entstandenen Zusätzen zu den statuta consilii von 1380 überein, welche wir in den práva konšelská des Brictius von Liczko wiederfinden. Es sind das die Artikel 7 bis 33, 35 bis 37, 39, 40, 41 bis 44, 46, 68, 101 bis 103, insgesamt also 41 Artikel des Abschnittes B unserer Quelle.[3] Diese ist daher zum Teil bloß eine Kompilation älterer Rechtsaufzeichnungen und nur zum Teil eine Neuschöpfung. Es handelt sich also eigentlich um die Frage, welchen Zweck hat die Vereinigung von Kompilation und Neuschaffung. Hierbei müssen wir beide Abschnitte, wie sie auch stets in den Handschriften vereint vorkommen, als zusammengehörig betrachten. Die einzelnen Bestimmungen des Abschnittes B spielen meines Erachtens eine geringere Rolle, da die ganze Zeitspanne, in welche die Entstehung unserer Quelle zu setzen ist, 27. Oktober 1439 — Tod Albrechts von Österreich — bis 1447 — erste datierte Handschrift — für die Anschauungen der Prager ein Interregnum darstellt,[4] also die die Ratserneuerung

in der Zeit von 1423 bis 1453. In diesen Einträgen zeigen sich allerdings zahlreiche Stilverwandtschaften mit unserer Quelle; die Identität können wir deswegen allein allerdings nicht annehmen.

[1] Über dieses vgl. Tomek, Dějepis II 293; Tadra, a. a. O.; Zycha, Prag, S. 208 Anm. 3; Wenzel Vojtíšek, Mitteilungen des k. k. Archivrates I. Band, 1. Heft, Separatabdr., S. 12 f.; Redlich, M. J. Ö. G. 32 (1911), S. 165—171.

[2] Povšechné dějiny, S. 614 Anm. 149, S. 617 Anm. 161. Die Signatur der Strahower Handschrift ist daselbst zu berichtigen, sie lautet DB II 10.

[3] Im liber vetustissimus privilegiorum des Prager städtischen Archivs finden wir einige Blätter vor unserer Quelle diese práva konšelská separat eingetragen. Auch in den Zusätzen zum Abschnitt B finden sich Anklänge an geltende Rechtssätze, vgl. D 25 u. 26 und Čelakovský, Codex iuris municipalis I Nr. 134 Art. 5 u. 6, ferner D 45 und Čelakovský, Codex I Nr. 228; einzelne Rechtssätze kehren wieder in der im Časopis českého museum X 1836 S. 299 ff. mitgeteilten Quelle aus dem Anfang des 15. Jahrhunderts.

[4] Čelakovský, Povšechné dějiny 634. Die unumschränkte Herrschaft des Peter von Kunwald, der noch von Albrecht bestätigt wurde, dauerte bis 1448. Über die Umstände der Wahl des am 22. Februar 1440 geborenen Ladislaus Posthumus, der erst am 16. Oktober 1452 tatsächlich zum König gewählt wurde (gekrönt 28. X. 1453, gestorben 23. IX. 1457), und der von der Mehrheit der böhmischen Stände nicht als Erb-, sondern als Wahlkönig angenommen wurde, vgl. Kalousek, České státní právo, 2. Aufl. Prag 1892, S. 181 f. Die Stellung Albrechts ist nicht klar ersichtlich und war auch wohl wirklich nie ganz klar. Für unsere Betrachtungen kommt es nicht auf die rechtliche Grundlage des Königtums Albrechts nach der böhmischen Erbfolgeordnung, sondern lediglich auf seine tatsächliche Stellung an. Über Albrecht vgl. Wostry, König Albrecht II., Prager Studien-Heft 12, Prag 1906, S. 88 ff., bes. S. 98 u. 106 f.

I. Charakteristik des Werkes.

betreffenden Artikel im Stadtrecht König Johanns nicht durchgeführt werden konnten, und man sich darüber hinwegsetzen konnte. Die Verbindung dieses Rechtes und seine Zusammenstellung mit dem ersten, viel wichtigeren Teil, konnte trotz einiger mit der Stellung Kunwalds unvereinbarer Bestimmungen für ihn keinen Nachteil haben, hat aber anderweitig für ihn einen ganz hervorragenden Nutzen gehabt, weil es zum großen Teil die altbekannten práva konšelská enthält; es sollte zur Stütze dienen, um die ohne feste historische Grundlage aufgebauten eigentlichen Sobieslawschen Rechte glaubwürdig erscheinen zu lassen. Letztere können selbstredend nicht als Äußerung der Zeit, für die sie gelten wollen, sondern nur der Zeit, in der sie abgefaßt wurden, angesehen werden.

Für die Bewertung unserer Quelle kommen namentlich vier Punkte in Betracht: die Anordnungen betreffend die Wahl des böhmischen Königs; die hervorragende Stellung des Bürgermeisters und der Stadt in der regierungslosen Zeit; weiters die Rechtsstellung der Deutschen; endlich die rechtliche Begründung des Abschnittes B.

Unsere Quelle fällt in die Zeit der größten Machtentfaltung der Stände gegenüber dem Königtum, wo sie ihr Wahlrecht in weitestem Maße ausübten und sich jeweils vom König vor der Krönung ihre Rechte und Freiheiten bestätigen ließen. Kein Wunder, daß da auch die Stadt Prag einen ganz besonderen Einfluß auf die Königswahl zu erringen und zu behalten suchte. Für den Artikel A 4 lieferten wohl die historischen Ereignisse bei der Wahl Albrechts von Österreich am 27. Dezember 1437 das Vorbild. Das so geschaffene schriftliche Zeugnis war in der Folgezeit nicht ohne Einfluß. Nach der vermutlichen Abfassung unserer Quelle fand am 16. Oktober 1452 die Wahl des Ladislaus Posthumus, am 2. März 1458 jene Georgs von Podiebrad, am 27. Mai 1471 jene Wladislaws statt. Wenn auch die Wahlformen, namentlich der Wahlort, nicht immer nach unserer Quelle eingehalten wurden, so erwirkten doch die Prager in den Wahlakten die Klausel, daß dies ihren Sonderrechten nicht schädlich sein soll.[1] Zu den Rechten und Freiheiten, die vor der Krönung bestätigt werden, gehörten namentlich die Sonderrechte betreffend die Landesbern und den Kriegsdienst. Für Prag gilt Freiheit von der Landesbern — sowie von Zuwendungen in Widmungsform, ausgenommen Neujahrsgeschenke —, und der Kriegslast — ausgenommen Fahrten gegen die Deutschen, wohl zur Landesverteidigung — (B 106, 108, 109). In Verbindung mit der Steuerzahlung finden wir das auch in unserer Quelle (A 6) erwähnte Widerstandsrecht schon im 14. Jahrhundert.[2] Für die Zeit der Abfassung sind alle diese Bestimmungen demnach keine freie Erfindung.

Die ganz hervorragende Stellung des Bürgermeisters ist ganz im Sinne Peters von Kunwald gezeichnet. Ja, wir können noch von einer Verstärkung derselben sprechen. In der königlosen Zeit soll namentlich die Macht über die anderen königlichen Städte organisch mit dem Bürgermeistertum von Prag ver-

---

[1] Siehe namentlich Kalousek, České státní právo, 260 f.
[2] Kalousek, a. a. O. 315 Anm. 32.

knüpft und auch alle Landesbeamten sollen ihm untergeordnet sein (A 2). Bei dem Umstande, daß der Unterkämmerer damals verfassungsmäßig ein Prager Bürger[1], daher als solcher dem Bürgermeister untergeordnet war, und der damalige Träger dieses Amtes, Johann von Kunwald, der Bruder des Bürgermeisters, wiederholt zu den Ratssitzungen zugezogen wurde[2], ist diese Unterordnung der königlichen Städte, welche die wichtigste Folge der Anordnung war, wohl begreiflich. Die Beratung durch die obersten Landesbeamten und deren Unterordnung war wohl eher ein frommer Wunsch und veranlaßt durch die tatsächliche Macht, welche die Unterordnung des Unterkämmerers und der Städte als der hauptsächlichen Finanzquellen des Königtums dem Prager Bürgermeister gewährte.[3] Konsequent ist es daher nur, daß der Prager Bürgermeister die Stände zur Königswahl laden soll. Für diese Ansprüche gibt es aber kein Beispiel in der vorhergehenden und keines in der Folgezeit; sie haben daher einen Anlaß zu völliger Verwerfung der Quelle gegeben. Immerhin sind es Forderungen, die dem Verfasser mit Rücksicht auf die Zeitereignisse nicht unrealisierbar erscheinen mochten. Aus den verworrenen Zuständen zur Zeit der Abfassung, wo man durch ein schriftliches Zeugnis leicht Wünsche durchsetzen konnte, sind die Artikel daher leicht erklärlich.

Was die Rechtsstellung der Deutschen betrifft, so ist sie nicht mehr so schlecht, wie in der vorhergehenden Zeit. Von der allmählichen Abschwächung des Deutschenhasses, welcher sich mit dem Katholikenhaß vereinigte, zeugt, daß in der ältesten Handschrift die einheimischen Deutschen von den fremdländischen noch nicht klar unterschieden werden (B 1, 75), daß ferner nach den jüngeren nur die der tschechischen Sprache nicht mächtigen Deutschen von öffentlichen, städtischen Ämtern grundsätzlich ausgeschlossen sind (B 3, 74). Dennoch gelten sie, wenn auch ihre Existenz nicht geleugnet wird, keineswegs als den Tschechen gleichberechtigt.[4] Hinzu kommt noch die Stellungnahme zu den während der Stürme geflohenen Bürgern. In Betracht kommen die Artikel B 85, D 33, 35, 36; nur Feinde, Verräter und Übeltäter werden dauernd ferngehalten; den übrigen wird die Wiederaufnahme und Auslösung ihres Vermögens nicht grundsätzlich verwehrt, nur wahrt sich die Gemeinde hierin im Sinne ihres Privilegs von 1436 volle Freiheit.

Von Wichtigkeit endlich ist die Einleitung zum Stadtrecht der Altstadt (B). Mit diesem Recht soll König Johann Prag bewidmet haben; es soll aber nach den ältesten Handschriften kürzerer Fassung bereits bei der Gründung der Stadt verliehen worden sein. Wir haben in der Einleitung bereits gesehen, daß das Nürnberger Recht nach alter Überlieferung der Stadt Prag bei ihrer Gründung verliehen worden sein soll. Hier wird dasselbe gesagt vom Stadtrecht

---

[1] Siehe unten Abschnitt II, 1.
[2] Čelakovský, Povšechné dějiny, S. 637.
[3] Über eine andere Quelle einer Macht im ganzen Lande in dieser Zeit vgl. Winter, Kulturní obraz I 635 Anm. 89; zeitweiliger Ersatz der Landtafel durch die Stadtbücher.
[4] Vgl. hiezu S. 19 und 47; Wostry, König Albrecht II., S. 92 Anm. 1.

I. Charakteristik des Werkes.

der Altstadt (B). Es wird dem Nürnberger Recht ein einheimisches gegenübergestellt. Letzteres sollte ein äußeres Zeichen des Glanzes und der Macht sein, welche Prag zur Zeit Peters von Kunwald erlangt hatte. Die eben errungene Machtstellung sollte dauernd in einem Rechtsbuch festgelegt werden. Das ist die Tendenz desselben. Die begonnene Arbeit wurde aber nicht zu Ende geführt, und dies hat schließlich das Schicksal derselben, die Verdrängung durch das Stadtrecht des Brictius von Liczko von etwa 1536, besiegelt. Nur ein Teil, jener, welcher sich an die práva konšelská anlehnt, und zweifellos gute Vorarbeiten benützen konnte, B 1 bis 118, D 3 und 4, B 119 bis 126[1], ist wirklich durchgearbeitet; im folgenden erlahmte die Kraft des Verfassers, er begnügte sich mit Zusammenstellungen, einer Aneinanderreihung verschiedener Rechtssätze. Wie er dabei zu Werke ging, daß er wirklich beabsichtigte, aus den archivalischen Quellen zu schöpfen, das beweisen die in D 25, 26, 27 ihm entschlüpften Hinweise auf urkundliches Material. Die in D 44 abgebrochene Arbeit, welche in der Klattauer Handschrift noch einige Zusätze aus dem Rosenberger Rechtsbuch enthält, fand keine weitere Fortsetzung. Im ganzen genommen können wir daher die Arbeit lediglich als einen Versuch einer Aufzeichnung des einheimischen Stadtrechts, als einen unfertigen Entwurf bezeichnen. Über Ansätze ist der Verfasser nicht hinausgekommen. Daher haben auch die Abschreiber des 14. und 15. Jahrhunderts sich genötigt gesehen, unsere Quelle stets im Vereine mit anderen Quellen, dem vikpildské právo und dem právo velikého města Pražského niederzuschreiben. Eine Fortsetzung war dann später durch das Eindringen des Brünner und Iglauer Rechtes ausgeschlossen. Wenn auch beabsichtigt war, eine den durch die hussitische Bewegung geschaffenen Zuständen Rechnung tragende einheimische Rechtsquelle zusammenzustellen, so konnte sich doch der Verfasser nicht dem Einfluß des bisherigen Rechtes entziehen; das deutsche Recht blickt auch in unserer Quelle auf Schritt und Tritt durch. Dies war auch der Grund, warum eine Nebeneinanderstellung dieser Quelle mit den anderen ins Tschechische übersetzten deutschen Rechtsquellen so gut anging.

Aus den angeführten Gründen können wir die Quelle grundsätzlich als praktisches Recht auffassen und das haben die Bearbeiter des Rechtes und der Geschichte der Stadt Prag im 15. Jahrhundert stets getan. Von Tomek, Čelakovský und Winter[2] wurde unsere Quelle eingehend benützt und als im 15. Jahrhundert geltendes Recht behandelt. Sie steigt um so mehr im Werte, als sie die einzige ausführliche Quelle Prager Rechtes im 15. Jahrhundert ist und gleichzeitig die letzte Quelle, welche einheimisches Recht darzustellen bestrebt ist. Manche Veränderungen gegenüber dem früheren Recht erklären sich durch die überwiegend neue Zusammensetzung des Hauptteils der Prager Bürgerschaft, welche anders dachte und andere Ziele verfolgte als vorher.

---

[1] Über das Verhältnis der einzelnen Teile zueinander und des Verfassers zu ihnen, siehe unten S. 53 f.

[2] Tomek legte seinen Ausführungen die Handschrift des Prager städtischen Archivs, Čelakovský jene der Wiener Hofbibliothek, Winter die früher neubergischen Handschriften des kgl. böhm. Landesmuseums in Prag zu Grunde.

II. Systematische Darstellung des Rechtsstoffes.

Die Darstellung soll die wesentlichen Rechtssätze in eine systematische Ordnung bringen und im einzelnen kommentieren. Eine umfassende Bearbeitung des Prager Stadtrechts des 15. Jahrhunderts lag außerhalb des Zweckes der folgenden Ausführungen.

1. Die Landesverfassung.

Das Land selbst wird bezeichnet als knieziecztwy, Fürstentum (A 1 u. 2), häufig einfach als zemie, Land (A 2, 5; B 125, 128); der Landesherr heißt wewod, Herzog (A Einleitung), knieze, Fürst (A 2, 3, 4, 5 und Schluß, B Einleitung), manchmal kral nebo knieze, König oder Fürst (B 29, 72), sonst meist kral, König (A Schluß, B 7, 10, 37, 107, 108 usw.) oder kralowska milost, königliche Gnade, Majestät (B 2, 4, 12; D 45).

An der Spitze des Landes stehen der König und die Stände. Die Verfassung beruht auf einer Einigung zwischen König und Ständen, namentlich den Herren (A 1, 2, 3 und Schluß). Dies wird bereits als der zur Zeit der Przemysliden herrschende Rechtszustand dargestellt.

Die Beschränkung des Königtums durch die Stände kommt bei der Königsbestellung zur äußeren Erscheinung.[1] Es gilt Erblichkeit der Herrschaft innerhalb des Königsgeschlechtes; gibt es keine Erben, dann wird der König von den Ständen gewählt (A 2 und A 4).[2] Dieser Fall wird eingehend geregelt; die Wahl findet in der Altstadt Prag statt, die Leitung derselben hat der Bürgermeister, bei zwiespältiger Wahl entscheidet die Bürgerversammlung der Altstadt (A 4). Jeder König hat ferner vor Regierungsantritt einen Verfassungseid zu leisten (A 5)[3], und in einigen bestimmten Fällen haben die Stände

---

[1] Die Rechtshistoriker unterscheiden zwischen prijeti und voliti, je nachdem ein Erbkönig angenommen wird oder ein König gewählt wird. In der Zeit des Höhepunktes des ständischen Wahlrechts im 15. Jahrhundert hat aber der Unterschied keine praktische Bedeutung. Čelakovský, Povšechné dějiny, S. 102ff.; Kalousek, České státní právo, S. 185ff.; Wostry, König Albrecht II., I, S. 98; Tomaschek, Recht und Verfassung der Markgrafschaft Mähren, Brünn 1863, S. 27 ff.

[2] Über die Entwicklung dieses Wahlrechts der Stände, namentlich seine grundlegende Regelung im Majestätsbrief vom 7. April 1348 vgl. Čelakovský, a. a. O. S. 98 bis 102. Dennoch war die Wahl, abgesehen von 1458, nie völlig frei; Schreuer, Zeitschr. d. Sav.-Str. f. R.G. XXVI, S. 340.

[3] Nach der maiestas Carolina leistet der König mehrmals einen Eid, vgl. Werunsky, Zeitschr. d. Savigny-Stiftung f. Rechtsgesch. Bd. 9, S. 71ff. Zu den Eidesleistungen und der Bestätigung der Rechte und Freiheiten der Stände vor bezw. nach der Krönung vgl. Čelakovský, a. a. O. S. 103f.

1. Die Landesverfassung.

unter Führung der Altstadt Prag ein Widerstandsrecht, ihre Treu- und Steuerpflicht ist für die Zeit des Bruches des Verfassungseides aufgehoben (A 6).[1] In seinen Regierungshandlungen steht dem König ein Rat zur Seite (B 4)[2].

Zu den Ständen zählen die Herren, pany (oder pany zemsczy oder pany koruhewny zemsczy oder swobodny pany), Städte, miesta, und Landleute, zemane (A Einleitung, 2, 3, 4, 5, 6); mitunter werden noch die poprawczy oder vrzedniczy neben ihnen, und zwar vor den zemane, als besondere Gruppe genannt.[3] Von den Städten erscheinen unter den Landständen nur jene, welche zum Fürstentum gehören, vor allem die königlichen Städte (A 2). Infolge der besonders hervorragenden Stellung der Altstadt Prag steht diese im Range den Herren gleich; das charakteristische Moment, welches sie vor den übrigen Städten und den Landleuten emporhebt, ist die Freiheit von der Gewalt der höheren Landesbeamten und ihre unmittelbare Unterstellung unter den König (A 3).[4] Nur die Pflicht zur Landessteuer und zur Landesverteidigung, welche sie mit den übrigen Städten und den Landleuten gemein hat, unterscheidet sie von den Herren. Ihre besonders hervorragende Stellung ist auch der Grund, weshalb die Gemeinde der Altstadt und ihr Bürgermeister sowohl bei der Königswahl, als auch bei der Durchführung des Widerstandsrechtes die Führerrolle unter den Ständen hat (A 4 und 6). Dieselbe ist noch dadurch verstärkt, daß der Bürgermeister in der königlosen Zeit die gesamte Landesregierung führt und so den Landesbeamten übergeordnet erscheint;[5] außer diesen sind

---

[1] Unsere Quelle hat in A 6 eine bestimmte Art der Verletzung des Verfassungseides im Auge, den in der Hussitenzeit wiederholt eingetretenen Fall des feindlichen Einfalles ohne Gegenwehr des Königs. Krziwda und przistupity sowie hanba haben, wie in vielen anderen Fällen und wie es in alten Quellen allgemein zu finden ist, eine prägnantere Bedeutung, als die, welche in der Übersetzung in eine moderne Sprache gebraucht werden konnte. Zu den Ausdrücken wie nez se w zemy vwieze in A 5, das Eingehen des verfassungsmäßigen Bandes mit dem Lande, offenbar durch die Krönung vgl. Schreuer, Zeitschr. d. Savigny-Stiftung f. Rechtsgesch. XXVI, S. 336.

[2] Eine Zusammenstellung anderer Quellen, in denen der Rat erwähnt wird, gibt Stieber, Böhmische Staatsverträge, Forschungen zur inneren Geschichte Österreichs, Heft 8, S. 25 ff. Siehe auch Tomaschek, a. a. O. S. 47.

[3] Zum Begriff der pany und zemane, dem hohen und niederen Adel in dieser Zeit vgl. Kapras, Právní dějiny II 330. Für zeman finden wir die Bezeichnung lanthman bei Rößler, St. R. 116. Popravce-iusticiarii, correctores, maiores scabini, werden nach der maiestas Carolina in den einzelnen Provinzen des Landes bestellt, vgl. Werunsky, Zeitschr. d. Savigny-Stiftung f. Rechtsgesch. Bd. 9, S. 77, Bd. 10, S. 153. Unter den vrzedniczy sind wohl die obersten Landesbeamten zu verstehen. Die Quelle kennt die Ständeversammlung nur als eine solche zur Königswahl; über die sonstigen Aufgaben des Landtags vgl. Kapras, II, 234 f, 240 f. und 438 f. Stieber, Böhmische Staatsverträge, S. 28 f.

[4] Seit 1331, wenn nicht schon früher, ist die Altstadt eine privilegierte Stadt, Kapras a. a. O. II S. 249; siehe unten II 2 c.

[5] Im Interregnum führen normalerweise die Landesbeamten die Landesregierung, Kapras II 459; Tomaschek, a. a. O. S. 42.

II. Systematische Darstellung des Rechtsstoffes.

ihm hiebei namentlich die Städte untergeordnet.[1] Von den Landesbeamten werden namentlich genannt der Landesrichter, der Burggraf von Prag und der Unterkämmerer (A 2, 3; B 72).[2]

2. Die innere Stadtverfassung.

Die Stadt, um deren Recht es sich handelt, heißt bald wietczie miesto Prazske, größere Prager Stadt (A Einleitung, 2 usw.), bald miesto stare Prazske, alte Prager Stadt (B Einleitung, 85, 105, 108 usw.), bald miesto Prazske, Prager Stadt (A 1, 5, 6; B Einleitung, 74, 104, 106, 109 usw.), mitunter auch kurz Praha, Prag (A 4, B 120 usw.) oder miesto, Stadt (z. B. B 57, 126).[3] Das Recht dieser Altstadt Prag heißt bald miestsky rzad, städtische Ordnung, Weichbild (C 7), bald miestezke prawo, städtisches Recht (z. B. B 85). Der Mittelpunkt des städtischen Lebens ist das rathuz (A 2); um die Stadt gibt es eine Bannmeile (drei Meilen um Prag), welche aber nach dieser Quelle nur für die Weinberge in Betracht kommt (B 31, 127; D 34)[4]; sie erfreut sich endlich eines Sonderfriedens (städtische Freiheit D 42).

a) Bürger, Einwohner, Gäste, Juden.

Bürger ist nur jener, der in die bürgerliche Genossenschaft Aufnahme gefunden hat. Es wird allerdings an vielen Stellen, wo die Bürgerqualität nebensächlich ist, das Wort miestyenyn in einem uneigentlichen, die Einwohner mit umfassenden weiteren Sinn gebraucht[5]; dort, wo es sich aber um politische Rechte handelt oder um wirtschaftliche Angelegenheiten, welche das bürgerliche Gewerbe betreffen, sind Bürger nur diejenigen, welche das Bürgerrecht erworben haben; nur ein Bürger kann in der Stadt Handel und Gewerbe betreiben.[6]

---

[1] Bereits 1421 trat Prag-Altstadt an die Spitze der königlichen Städte. Eine rechtliche Grundlage erlangte dieses Vorrecht der Altstadt durch das Privileg Sigismunds von 1435, daß der Unterkämmerer, der kgl. Beamte für die Städte, ein Prager Bürger sein soll, Čelakovský, S. 154; Kapras II 335, 458, vgl. auch II 437; Winter, Kulturní obraz I 635.

[2] Oberste Landesbeamten sind außer dem obersten Burggrafen und dem obersten Landrichter noch der oberste Landeskämmerer und der oberste Landesnotar; später kamen noch andere Beamte hinzu; Kapras, II 216ff., für die spätere Zeit II 459; Kaloufek, České státní právo, Prag 1892, S. 356ff. Siehe ferner die Aufzählung für die unmittelbar vorhergehende Zeit bei Tomek, Dějepis m. Prahy V, Prag 1905, S. 40ff.

[3] Vgl. dazu die deutschen Bezeichnungen bei Zycha, Prag 227.

[4] Über die geringe Bedeutung der Bannmeile in Prag vgl. Zycha, Prag 68; Ursprung der Städte in Böhmen 194f. Čelakovský, Codex I Nr. 40 v. 1341, Nr. 66. v. 1358, Nr. 108 v. 1386.

[5] In diesem Sinn ist das Wort Bürger wohl verwendet bei Rößler, St. R. 111, 112; in 139[1] heißt der bloße Inwohner civis sine iure civili; vgl. auch 139[5, 6], vierwöchentliche Anfässigkeit oder Verheiratung mit einer Bürgerstochter macht zu einem civis im weiteren Sinn.

[6] Vgl. Rößler, St. R. 30ff.; dazu Pick, Mitt. d. V. f. Gesch. d. Deutsch. i. B. 44, S. 427ff.

2. Die innere Stadtverfassung.

Unter den Bürgern können wir zwei Gruppen unterscheiden: 1. Bürger, miestienyn schlechtweg und 2. rechte Bürger, prawy miestienyn, was wohl gleichbedeutend ist mit vssedly, Angesessener. Patrizier im alten Sinn, bevorrechtete Geschlechter, lassen sich nicht nachweisen. Zu den gemeinen Bürgern, den miestienyne schlechtweg, gehören namentlich die Handwerker, rzemeslniczy. Von diesen Bürgern hebt sich die erwähnte obere Klasse ab, welche wir am besten als Vollbürger bezeichnen. Diese haben politische Rechte, nehmen teil an der großen Gemeindeversammlung, velka obecz (B 46), können zu Ratmannen, conssele (B 15, 17), als Richter, richtarz (B 105), als (Ehren-)Beamte, vrzedniczy (C 5) bestellt werden. Vollbürger, prawy miesstienin (D 41) oder ussedly (B 46, 105) ist jener, welcher städtisches liegendes Gut (oczite sbozie) im Werte von mindestens 50 Schock Groschen hat (B 17).[1] Nicht zu den Vollbürgern gehören der domownik, der nagemnik und der podruh[2] (B 46).

Kein charakteristisches Merkmal für die Bürger ist das Tragen von städtischen Lasten, der Waffendienst, in normalen Zeiten als Wachdienst, ponuczky, bezeichnet,und die Steuerpflicht, poplatky, namentlich die Bern; kein auszeichnendes Merkmal ist das städtische Gericht.[3] Auch bloße Inwohner sind zur Übernahme städtischer Lasten verpflichtet[4] und können sich auf den ausschließlichen Gerichtsstand vor dem Stadtgericht berufen (D 45,[5] vgl. auch B 72). Wie die Lasten abgestuft sind, sehen wir aus der Behandlung des zeman, Landmann, der in der Stadt wohnt (D 40); auch der wladyka, der Ritter,[6] der in der Stadt

---

Teilweise wurden allerdings auch bloße Inwohner, welche die städtischen Lasten mittrugen, im Handel den Bürgern gleichgestellt, so besonders im Privileg Karls IV. v. 2. Jänner 1349 und 1354, sowie in dem in diesem Belange erlassenen Ratsstatut von 1351, vgl. Pič a. a. O.; Čelakovský, Codex I, Nr. 52 u. 57.

[1] Vermögen von 50 Schock an bilden auch ein Steuerobjekt, vgl. D 40. Der hier entwickelte Unterschied ist altes Recht, vgl. das Statut von 1338 bei Čelakovský, S. 604 Anm. 108, ferner Rößler, St. R. 65[1] und Rb. 138; vgl. auch Bycha, Prag 172. Čelakovský S. 149, nennt sie einfach měštané und nimmt eine ursprüngliche Kaufmannsgilde an.

[2] Diese Ausdrücke sind erklärt in D 40. Bei Gebauer, Slovník staročeský, Prag 1903, fehlen diese Erklärungen.

[3] Čelakovský, Codex I 133 v. 1418. Nicht einmal das Wohnen in Prag wird gefordert nach Rößler, St. R. 112, 140[1]. Auch der Schutz gegen Benachteiligungen in der Fremde (z. B. Das St. Pauler Formular, hsg. v. Loserth, Prag 1896, Nr. 56) ist kein Sondervorzug der Bürger im eigentlichen Sinn.

[4] Ebenso nach Rößler, St. R. 22, 99, 125[2], 135[4], 140[1]; Čelakovský, Codex I Nr. 40, 52; Winter, Kulturní obraz českých měst I, Prag 1890, S. 72 u. 122.

[5] Vgl. auch Rößler, Rb. 30; ferner Čelakovský 614 und 617 betreffend ein gleiches Privileg von 1418.

[6] wladyka wird zwar in landrechtlichen Quellen oft vom Ritter unterschieden, würde aber in unserem Stadtrecht am besten wiedergegeben mit Ritter, vgl. Werunsky, Zeitschr. d. Savigny-Stiftung f. Rechtsgesch. 10, S. 129 und 154. Zur Vermeidung von Irrtümern wurde in der Übersetzung Wladyke beibehalten. Nach unserer Quelle wird er in der Stadt dem Landmann gleich behandelt.

wohnt und bloß von seinen Landgütern, diedyni, und Zinsen, platy, lebt, gehört bloß zu den Inwohnern. Die Vollbürger haben mit den Wladyken und sicher auch den Landleuten[1] das Wergeld von 50 Schock Groschen gemeinsam (D 41); nur sie dürfen feine Kleidung tragen (B 111, 112); an gewisse polizeiliche Sicherheitsvorschriften sind sie nicht gebunden (D 29).[2] Der gemeine Bürger, dessen typisches Beispiel der Handwerker ist, hat nur 10 Schock Wergeld. Den genannten zwei Gruppen stehen gegenüber die niederen Klassen der Inwohner, Gesellen und Arbeiter, als deren typisches Beispiel der Gewerke, tiezyrz[3] erscheint, und das Gesinde, služebny; diese haben das halbe Wergeld der gemeinen Bürger, bloß 5 Schock Groschen (D 43).

Nicht zu den Bürgern und Inwohnern zählen die Gäste und Juden. Unter Gästen, hosty, werden verstanden fremde Kaufleute, welche des Handels wegen sich vorübergehend in der Stadt aufhalten[4]; ein Landmann, der sich vorübergehend in der Stadt aufhält, wird nicht zu den eigentlichen Gästen gezählt, hat aber die gleiche Rechtsstellung (B 100 im Vergleich mit B 56), namentlich in seiner Unterstellung unter das städtische Gericht bezüglich seiner Rechtsbeziehungen in der Stadt.[5] Der Gast ist namentlich in seiner Handelstätigkeit in der Stadt beschränkt (B 120, 121; D 5, 6), kann in der Stadt nur auf Grund eines Testamentes erben und das Erbe gegen Entrichtung des Nachschoßes wegführen (B 78, 87; C 7).

Die Sonderrechtsstellung der Juden zeigt sich im jüdischen Gericht (B 55), sowie in der besonderen Kleidertracht (B 115). Von rechtsgeschäftlichem Beistand zugunsten von Juden werden Bürger oder doch Ratmannen ferngehalten (B 26, 30); ihr Verkehr mit den Christen besteht vornehmlich in Geldgeschäften (B 116, 117, 118; D 32).[6]

Eine Sonderstellung haben endlich die Geistlichen (B 30, 86, 87, 90; D 1, 2, 27).

Zum Erwerb des Bürgerrechtes gehört außer der Beibringung eines Leumundbriefes noch die Zahlung einer Aufnahmegebühr, ferner die durch Bürgenstellung gesicherte Verpflichtung einer dreijährigen Ansässigkeit und die Ableistung eines Bürgereides. Das erste Jahr ist ein Freijahr, da zahlt der Neubürger Steuern nur vom unbeweglichen Gut wie auch jeder Inwohner, vom zweiten Jahr an trägt er alle städtischen Lasten, und erst im vierten Jahr ist

---

[1] Vgl. D 40.
[2] Vgl. auch Nößler, St. R. 19.
[3] Vgl. auch Tomek, VIII 319.
[4] Bei Nößler, St. R. 134 von 1380 werden auch die Neustädter als Fremde behandelt. Bei Br. v. Liczko, Kap. 1, Art. 17, und Kap. 49, Art. 6, ist ein Gast ein Bürger aus fremdem Herrschaftsgebiet, ein cizozemee; vgl. auch Kapras, Dějiny právní II 146 f., 346. Auch hier sollen wohl die besonders scharfen Bestimmungen nur den fremdländischen Kaufmann treffen, vgl. auch Pick, Mitt. d. V. f. Gesch. d. Deutsch. i. B. 44, S. 433; Juritsch, Handel und Handelsrecht in Böhmen 1907, S. 94 f.
[5] Vgl. auch D 32.
[6] Vgl. dazu Kapras, II 147 u. 344 ff.

2. Die innere Stadtverfassung.

er Vollbürger, also ratsfähig, wenn die übrigen Voraussetzungen hiefür vorliegen (B 13, 103).[1]

Der Verlust des Bürgerrechtes ist stets mit einem dauernden Verlassen der Stadt verbunden. Dies kann einmal freiwillig geschehen; der Bürger nimmt Urlaub von der Stadt und wandert nach Abwicklung seiner städtischen Rechtsangelegenheiten und Zahlung eines Abfahrtsgeldes — die Abhandlung aller dieser Geschäfte dauert Jahr und Tag — weg (C 5).[2] Der andere Fall ist der strafweise Verlust des Bürgerrechtes. Dieser tritt dann ein, wenn der Bürger ein todeswürdiges Verbrechen begangen hat und sich der Ahndung seitens des Stadtgerichts durch Flucht entzieht, oder wenn er ohne ein Verbrechen begangen zu haben, aber auch ohne den Urlaub genommen, seine Angelegenheiten geordnet und das Abfahrtsgeld gezahlt zu haben, die Stadt verläßt. Im ersten Fall wird der Bürger für den Stadtbereich für bürgerlich tot angesehen und sein Vermögen wird von der Gemeinde, das Gut des Wucherers zum Teil vom König, eingezogen. Diese Rechtswirkung erstreckt sich nach strengem Recht auch auf seine Kinder (D 32, 33, 35).[3] Hat er kein todeswürdiges Verbrechen begangen, so bildet das formlose Verlassen der Stadt allein einen genügenden Grund, um dem betreffenden Bürger zur Strafe sein Bürgerrecht zu entziehen; Jahr und Tag wird noch zum Zwecke der formellen Ordnung seiner Angelegenheiten zugewartet; tut er dies nicht während der Zeit, so verfällt sein Vermögen zugunsten der Gemeinde, und es kann ihm später nur mehr aus Gnade eine Auslösung desselben bewilligt werden (B 85, D 36).[4]

[1] Rößler, St. R. 22 (auch ein Freijahr), 99, 139; Kapras, II 142, 336; vgl. ferner Zycha, Prag, S. 175 Anm. 4; Tomek, Dějepis, II 298f. Ein Beispiel eines Leumundsbriefes bietet neben vielen anderen Tadra, Formulář kanceláře Rožmberské, Sonderabdruck aus den Abhandlungen der kgl. böhm. Akademie der Wissenschaften 1890 B, Nr. 14; siehe ferner Winter, Kulturní obraz I, S. 65ff. In den Einträgen betreffend Erwerb des Bürgerrechts im liber vetustissimus statutorum und im liber tertius des Prager städtischen Archivs werden stets zwei Bürgen, fideiussores, mit genannt.

[2] Rößler, St. R. 99, 116, 111; Kapras, II 142.

[3] Die unschuldige Frau wird jedoch mit ihrem Erbteil (einem Drittel) von der Einziehung ausgenommen, vgl. D 35 und 36 mit B 78. Bezüglich der Abtrennung des Erbteils vgl. auch v. Schwerin, Deutsche Rechtsgeschichte, S. 134. Die Frau des geflohenen Wucherers jedoch wird mit Rücksicht auf den auf Wucher gesetzten Vermögensverfall (D 32) schlechter behandelt, D 33; es wird ihr bloß der Hausrat herausgegeben. Den Kindern kann die Gemeinde aus Gnade ihren eigenen Anteil am eingezogenen Vermögen herausgeben; die Frau des Wucherers aber bekommt auch im Gnadenwege nichts.

[4] Damit hängt zusammen, daß die zurückgebliebene Frau, nachdem der Mann die Stadt verlassen hat, klagen und geklagt werden kann. Vorher ist zum Rechtsstreit mit ihr die Einlassung der anderen Partei erforderlich; Br. v. Liczko, Kap. 40 und Kap. 41, Art. 4. In unserer Quelle D 36 sind wohl auch die Erben, wenn solche vorhanden sind und zurückbleiben, aus besonderer Gnade von der Einziehung ausgenommen, und die Frau behält auch den Hausrat wie in D 33 und 35. Über die Bedeutung des Vermögensverfalls geflohener Bürger zur Hussitenzeit siehe unten II 2g. Betreffend die Gnadenübung der Gemeinde bei der Rückkehr des Bürgers vgl. das Privileg von 1436, Čelakovský, Codex I 136, welches jeden Zwang der Gemeinde gegenüber hintanhalten will.

2*

b) Die Gemeinde, obecz.

Die Gemeinde als solche kann in zweifacher Organisation auf die Stadtverwaltung Einfluß nehmen, zunächst als engere Gemeindeversammlung, d. i. die Versammlung der przisezny, Geschworenen (B 46), oder obeczni przisezny, Gemeindegeschworenen (B 7); dieser steht die große Gemeindeversammlung, velká obec, gegenüber.

Gewöhnlich werden in der Literatur die přísežní měštané, iurati cives, den Ratmannen, konšely, consules, schepfen, gleichgesetzt.[1] Dies stimmt jedoch mit den Quellen nicht immer und nicht für alle Zeitabschnitte des Mittelalters überein. Der Ausdruck přísežní will nicht mehr und nicht weniger sagen als gesworne burger oder aitgenossen, und dies bedeutet im 14. Jahrhundert nicht immer dasselbe wie schepphen oder consules. Wenn wir von jenen sechs Amtmannen absehen, die nur vorübergehend zur Zahl der Geschworenen 1287 usw.[2] hinzutraten, zählten die Ratmannen, konšely, Schöffen, normalerweise vor 1350 nur zwölf Mitglieder.[3] Sie waren ein zur Besorgung der städtischen Verwaltung und des Schöffenamtes bei Gericht bestelltes Kollegium; letzteres war ursprünglich wohl das Hauptamt, während in der Leitung der Gemeinde der Richter den Vorrang hatte. So haben wir uns die Verfassung zu Anfang des 14. Jahrhunderts vorzustellen.

Dies mußte sich aber im Laufe des 14. Jahrhunderts, namentlich unter dem Einfluß der reichen wirtschaftlichen Entwicklung unter Karl IV. ändern. Zur Unterstützung ihrer Tätigkeit bestellten der Richter und die Schöffen bei jedem Amtsantritt der letzteren einzelne patrizische Bürger, nahmen sie in Eid, und übertrugen ihnen zum Teil sehr wichtige Einzelaufgaben, weshalb diese dann gleichen Rang und gleiches Ansehen wie die Ratmannen bezw. Schöffen selbst genossen.[4] Sie wurden daher nicht selten wie in Nürnberg zum Rate zugezogen und in den Quellen mit den Ratmannen zusammen genannt.[5] Als geschworene Bürger heißen sie wie die Ratmannen přísežní, iurati. Solche waren die geschworenen Handwerksmeister,[6] welche von den Zechmeistern zu unterscheiden

---

[1] In kleinen Städten, in denen die Ratmannen für alle Geschäfte ausreichten, ist selbstredend přísežní gleich konšelé; vgl. auch Winter, Kulturní obraz I 663. So ist es sicher auch in Prag im 13. Jahrhundert und im Anfang des 14. Jahrhunderts, vgl. Zycha, Ursprung der Städte 187 Anm. 6. Siehe auch Čelakovský, S. 148, 594 ff.; letzterer will jedoch bereits in Quellen des 13. Jahrhunderts einen Unterschied zwischen den beiden Begriffen finden; ferner Kapras II 250.

[2] Čelakovský, S. 598 z. J. 1287 u. 599 z. J. 1319.

[3] Siehe S. 23 Anm. 1.

[4] Vgl. Rößler, St. R. 129 Schlußabsatz; Winter, Kulturní obraz I 662 ff.; Zycha, Ursprung der Städte 185. Eine besondere Politik zur Berücksichtigung der Handwerker in der Stadtverfassung darin zu suchen, Kapras II 251, halte ich für ungerechtfertigt.

[5] Vgl. P. Sander, Der reichsstädtische Haushalt Nürnbergs 1902 I 57; Čelakovský, S. 610.

[6] Vgl. unsere Quelle B 123, ferner B 69.

2. Die innere Stadtverfassung.

sind; solche waren die Losunger, welche na berniech sedie;¹ solche waren namentlich die Genannten. Letztere fungieren wie in Wien² und Nürnberg³ als privilegierte Geschäftszeugen, und zwar in Prag bis 25 Schock.⁴ Nicht zu ihnen gehören die Ältesten, d. h. die letztgesessenen Ratmannen, wenn nicht etwa einzelne nach ihrem Amtsjahr den Genannteneid schwuren, oder auch sonst altangesessene Bürger, die von den Ratmannen besonders in Eid genommen wurden, starssie obecz (B 19),⁵ sowie die Zechmeister, magistri mechanicorum et singulorum artificium;⁶ wenn diese zwei Gruppen von beamteten Bürgern um Rat gefragt werden, werden sie neben den Eidgenossen, prziszeny, noch besonders erwähnt.⁷

Stets nahm an wichtigeren Gemeindeakten als obecz nur eine beschränkte Anzahl geschworener Bürger teil. Dennoch kam es durch ihre Mitwirkung neben den Ratmannen dazu, daß die Gesamtzahl der an einem Akt beteiligten Eidgenossen selbst bis fünfzig steigen konnte.⁸ Daß es zumeist die Genannten gewesen sind, welche auf diese Weise an Gemeindeakten teilnahmen, wird weder in den deutschen Quellen noch in den tschechischen Quellen der hussitischen und nachhussitischen Zeit hervorgehoben; ihre einstige vornehmliche Aufgabe, als privilegierte Geschäftszeugen zu fungieren, gerät unter dem Einfluß der fremden Rechtsquellen, denen das Institut unbekannt war, in Vergessenheit. Sie heißen einfach Geschworene, prziszeny, und nur eine Anzahl derselben, d. h. nur jene, denen listky dafür gegeben werden, werden zur engeren Gemeindeversammlung, obecz, zugezogen (B 46).

Die prziszeny braucht der Rat nur in wichtigeren Angelegenheiten zu berufen. So entscheiden sie mit bei zwiespältiger Fürstenwahl (A 4). An den König geht keine Botschaft ohne ihr Wissen ab (B 7). Sie wirken wahrscheinlich mit bei der Verwaltung der Ehrenämter, vrzady, des Richteramtes, richtarzstwy, und werden bei der Leistung von Neujahrsgeschenken, der Steuer und Kriegshilfen an den König befragt (B 104 bis 109). In ihren Kreis gehören die Verwalter, procuratores, der Spitäler (D 24) und wahrscheinlich außer den Ehrenbeamten, vrzedniczy, auch die Losunger, die na berniech sedie (B 98).

---

[1] Diese sind wohl mit dem wierziti by gemu wzdy obecz nechtiela in B 98 gemeint.

[2] Voltelini, Anfänge der Stadt Wien 1913, S. 109 f. und 140. Wahle, Mitteilungen des Inst. f. öst. Gesch. 34 (1913).

[3] Sander, a. a. O. I 54.

[4] Vgl. das Genanntenstatut von 1371, Rößler, St. R. 129 (Abs. 4, 5, 6 im Vergleich mit unserer Quelle B 97); vgl. auch die Verbote bei Rößler, St. R. 129 Abs. 8, 9, 10, ferner St. R. 119³, R. b. 95, 179; ferner Zycha, Prag 208, Kapras II 251, Čelakovský, 602, 610 f. und Anm. 140 auf S. 611. Rößler, St. R. 129 Schlußabsatz soll wohl heißen, daß den Genannten das viel stärkere Ratmannenzeugnis (vgl. unsere Quelle B 76, 96) zukommt.

[5] Über diese vgl. Kapras II 251; Winter, Kulturní obraz II 592 ff.; Čelakovský, S. 618 Anm. 169 u. S. 629; siehe auch unten S. 22 Anm. 1.

[6] Čelakovský, 618; Tomek, Dějepis II 391 f.

[7] Rößler, St. R. 119. Teilweise anderer Ansicht über die přísežní und die Genannten, jmenovani, ist Tomek, Dějepis II 289.

[8] Rößler, St. R. 62, 93, 103; Čelakovský, 618 Anm. 169.

Sie können die Ratmannen zur Verantwortung ziehen und zur Einstellung ihrer Tätigkeit veranlassen (B 12).¹ Außerhalb der Stadt, namentlich dem König gegenüber, treten sie nicht hervor, sondern mit ihm verkehren sie nur durch die Ratmannen (B 107). Wie wir noch an einem anderen Punkte, beim Stadtgerichte, sehen werden, daß sich in unserer Quelle Reste alter, teilweise veralteter Einrichtungen neben zeitgemäßen Neuerungen finden, so auch hier. Unter dem Einfluß der Brünn-Iglauer Rechtsquellen² verschwand im weiteren Verlauf des 15. Jahrhunderts das Institut vollständig. Im Stadtrecht des Brictius v. Liczko finden wir keine Spur mehr davon; da wird přísežní gleich konšelé gesetzt.³

Von dieser engeren Versammlung der Gemeinde, obecz, ist zu unterscheiden die allgemeine Gemeindeversammlung, velká obec, die Versammlung sämtlicher vsedly,⁴ entsprechend dem Burding der norddeutschen Städte. Im 14. Jahrhundert noch ziemlich häufig in den Quellen erwähnt,⁵ und in der Hussitenzeit durch die Ratswahl zeitweilig zu ganz besonderer Bedeutung gelangt,⁶ treten sie in unserer Quelle nur zusammen, wenn es sich um Geld, d. h. um Geldverpflichtungen der Stadt handelt (B 46; wahrscheinlich auch B 41).⁷

c) Der Rat.

Der Rat hat in unserer Quelle in der Regel die Bezeichnung konssele, Ratmannen, consules, genauer konssele sstaromiesteczy, altstädter Ratmannen (B 31) oder konsele Prassczy, Prager Ratmannen (A 4; B 71, 72)⁸; häufig wird er genannt pany, Herren (B 14, 53, 60, 66, 68, 69, 95, 110).

---

¹ Nach Rößler, St. R. 44 v. 1338, legt ferner der consulatus, d. h. die iurati die Rechnung (reddunt rationem) den iurati successores (consulatui succedenti) coram viris communibus, quotquot ad hoc recipere voluerint.

² Hiezu Tomaschek, Deutsches Recht in Österreich, Wien 1859 S. 128. Gegen Čelakovský, Časopis Matice moravské, 29. Jahrgg. S. 100, 110, 127, wo die denominati in Brünn, Iglau usw. unter den iurati principis gesucht werden, vgl. auch Zycha, Prag S. 204 Anm. 9.

³ Br. v. Liczko, Kap. 32 Art. 7; Kap. 33; Kap. 45; vgl auch Kap. 2 Art. 2, 4, 9; Kap. 3 Art. 9; Kap. 4 Art. 2, 5, 7, 15; Kap. 5 Art. 5.

⁴ obec, communitas, universitas, vgl. Kapras II 251 u. 483, Čelakovský, 602. Von der Anteilnahme von Nicht — usedlé, von der Čelakovský, 618, spricht, finden wir keine Spur; vgl. auch Winter, Kulturní obraz I 756 ff.

⁵ Čelakovský, 618 Anm. 169; Tomek, Dějepis II 289 f.

⁶ Z. B. Čelakovský, 630, vgl. auch 638.

⁷ Die Berufung derselben erfolgt skrze traubu nebo zvon neb hlasem biřicovým, mit Trompetenschall oder Glockenklang oder Büttelruf, Br. v. Liczko, Kap. 36 Art. 7; vgl. auch Čelakovský, 618 Anm. 169.

⁸ Bei Rößler heißen sie schepfen oder auch rat, — nur eine Zeitlang zur Zeit Karls IV. wird zwischen Schöffen und Rat unterschieden —, bei Br. v. Liczko entweder konšelé oder přísežní, vgl. Kap. 33. Von ihnen werden die přísežní nad řemesly unterschieden, Kap. 33 Art. 1, vgl. unten S. 36. **Nicht nur in stadtrechtlichen, auch in landrechtlichen Quellen Böhmens wird konšel = Schöffe gebraucht;** daher konšel zemský = Landesschöffe, vgl. Werunsky, Zeitschr. d. Savigny-Stiftung f. Rechtsgesch. 10, S. 153.

2. Die innere Stadtverfassung.

Er besteht aus 18 Mitgliedern,[1] 12 Tschechen und 6 Deutschen, welche tschechisch können (B 3); dadurch erscheint die Bestimmung, daß der Bürgermeister kein Deutscher, welcher nicht tschechisch kann, sein soll (B 1), überflüssig. Diese nationale Aufteilung des Rates ist erst eine Folge der Hussitenzeit, wenn auch nach dem Privileg von 1413 das Verhältnis für die Deutschen noch günstiger ist.[2]

Die Einsetzung, ssadity, welche vielleicht vor 1331 durch den Unterkämmerer erfolgt war,[3] geschah seit 1331, daher auch nach unserer Quelle durch den König selbst,[4] und zwar nach unserer Quelle auf Grund eines Dreiervorschlages der einzelnen abgehenden Ratmannen. Dem König leisten auch die neuen Ratmannen den Amtseid, in welchem sie sich zur gehörigen Amtsführung verpflichten (B 4, 10). Die Frage nach der Zeit dieser Einsetzung hängt mit jener nach der Amtsdauer zusammen. Nach unserer Quelle beträgt sie ein Jahr (B 2, 19). Am Schlusse desselben soll der Bürgermeister das Siegel dem König übergeben, damit dieser es dem neuen Rat verleihe (B 2). Wann aber das Amtsjahr beginnen und enden sollte, darüber gibt unsere Quelle keinen Aufschluß; nach dem Statut von 1331 sollte die Ratsveränderung zwischen dem 15. August und 8. September stattfinden, nach dem Privileg von 1413 vierzehn Tage vor St. Wenzel.[5] Diese Zeit wurde aber selten eingehalten; auch saßen die Ratmannen sehr häufig länger als ein Jahr.[6] Nicht zum mindesten war dies dadurch veranlaßt, daß der König, der den Rechtsakt persönlich vornehmen sollte, selten hiefür erreichbar war. Zur Hussitenzeit nahm man daher vom königlichen Einsetzungsrecht oft Umgang, mußte aber dann der Gemeinde, obec,[7] einen Einfluß auf die Wahl einräumen; erst unter König Wladislaw fand man einen Ausweg, indem ein Sonderbevollmächtigter des Königs die

---

[1] Bei Rößler, St. R. 95, Nb. 78, Regesten IV 850, sind es 12 Schöffen. Stirbt einer während des Jahres, so findet keine Ergänzung statt. Diese Ordnung galt zu Ende des 15. Jahrhunderts und zur Zeit König Johanns, vgl. Rößler, Anhang III von 1296, V von 1338, VIII von 1341, St. R. 36 und Čelakovský, S. 601, vgl. auch S. 600 Anm. 88 und S. 598 Anm. 79). Seit 1350 sind es 18, unter denen in der Zeit von 1353 bis 1356 eine Teilung stattfindet, 12 werden Ratmannen und 6 Schöffen genannt (Rößler, St. R. 56 u. 77); in der Folgezeit, namentlich seit 1360 werden alle 18 Schöffen genannt (Rößler, St. R. 58, 59, 118); Tomek, Dějepis II 286; Čelakovský, 605, 608, 625 f.; Kapras, II 250.

[2] Nach dem Statut König Wenzels von 1413 soll die Hälfte Tschechen und die Hälfte Deutsche sein, Rößler, Einleitung XLVII Anm. 1, Čelakovský, S. 612 f. u. Anm. 146.

[3] Vgl. Čelakovský, 153 f., 597, 600; vgl. auch 600 Anm. 88.

[4] Vgl. Rößler, St. R. 36; Tomek, Dějepis II 285 f. und VIII 270 ff.; Winter, Kulturní obraz I 635, 666 f.; Kapras, II 482 f.; siehe auch Zycha, Prag, S. 204 f.; Ursprung der Städte 190.

[5] Čelakovský, 600 Anm. 88, 613 Anm. 146; Codex I 126 v. 1409; Tomek, Dějepis II 286.

[6] Vgl. Čelakovský, 600, 604, 605, 607, 608, 613; zu demselben Übelstand in anderen Städten vgl. Loserth, D. St. Pauler Formular Nr. 85.

[7] Z. B. Čelakovský 630 f., 632; das deutet auch der Zusatz zu Artikel B 2 in der Handschrift Wi 1 an.

Einsetzung vornahm.¹ Trotzdem die Einsetzung des Rates sowie die Übergabe des Siegels durch die Hand des Königs erfolgt, geschieht die Geschäftsübergabe, welche hauptsächlich in der Rechnungslegung, der Abrechnung bestand, vor der älteren Gemeinde, obec starší, d. h. den obecní starší (B 19). Diese Betonung der Teilnahme von Vertretern der Gemeinde — bisher Rechnungslegung an die neuen Ratmannen in Gegenwart von einigen Bürgern² — findet sich bereits in den Zusätzen von 1413/4³ und ist wohl dadurch veranlaßt, daß zur Hussitenzeit oftmals eine Einsetzung des neuen Rates ohne jede Rücksichtnahme auf den bisherigen Rat erfolgte, namentlich dann, wenn die Einsetzung von der Gemeinde ausging.⁴

Was die Ratsfähigkeit betrifft, so ergibt sich aus dem umfangreichen Register (B 5, 6, 8, 9, 11, 13, 15, 17, 18) namentlich, daß der Ratmann mindestens ein Vollbürger und im Vollbesitze seiner bürgerlichen Ehre sein muß.

Während der Amtsführung ist der Ratmann außer zur strengen Einhaltung der Amtspflichten (Uneigennützigkeit und Unparteilichkeit) zur Einhaltung eines besonders anständigen Lebenswandels verpflichtet. Die Aufsicht darüber hat der Bürgermeister, dem mithin die Disziplinargewalt zusteht, und von dem der Ratmann Urlaub einholen muß, wenn er von einzelnen Pflichten enthoben werden will; in schwereren Fällen ist der Bürgermeister an die Zustimmung des gesamten Rates, eventuell auch der Gemeinde gebunden (B 12, 14, 19, 23, 25, 27, 28, 34, 44). Als Disziplinarstrafen kommen in Betracht: Abbitte, Geldstrafe, ein Essen an alle Ratmannen, Ausschluß von einer Sitzung, schließlich Ausschluß von allen künftigen Sitzungen während des Amtsjahres (B 12, 14, 19, 28, 34, 44). Keine bloß disziplinäre Ahndung, sondern öffentliche Strafe durch das Stadtgericht tritt in besonders schweren Fällen der Verletzung der Amtspflicht ein, welche als Bruch des Amtseides erscheinen; die Strafen sind dann Ausstoßung aus dem Rat, nicht bloße Ausschließung von den Sitzungen, bezw. Todesstrafe (B 20, 22, 33).⁵ Was andererseits die Vorrechte betrifft, so erfahren wir nur von einem besonders wichtigen, der Möglichkeit einer Überführung durch das Zeugnis zweier Ratmannen (B 76, 96).

Die Tätigkeit der Ratmannen ist eine zweifache: 1. suditi, als Beisitzer im Stadtgericht zu wirken, sud; 2. do rady choditi, die eigentlichen Aufgaben

---

¹ Tomek, Dějepis VIII 270ff.
² Kapras, II 260 u. 488, Čelakovský, 601, 602. Tomek VIII 344 trägt noch den älteren Zustand vor; zu festgefügten Einrichtungen kam es überhaupt nicht.
³ Čelakovský, 613f. Aus dieser Übung heraus ersehen wir, warum am 8. Mai 1434 die konšelé und obecní starší in der Neustadt die Ratsänderung vornehmen. Letztere wurden bereits als zu solchen Geschäften notwendig zugehörig angesehen, Čelakovský, S. 630.
⁴ Auch der König nahm oft auf den früheren Rat keine Rücksicht, vgl. z. B. Čelakovský, S. 633.
⁵ Viel gelinder als B 20 ist noch Rößler, St. R. 110³ und 113 von 1373, welche den Übergang von der älteren Auffassung des Amtsrechts zu jener der strengen Amtspflicht darstellen.

2. Die innere Ratsverfassung.

des Rates zu versehen, rada (B 12).¹ Von den Geschäften, welche in die rada gehören, werden genannt: a) ortele, das Urteilen im Ratsgericht, b) poselstwie, der Botschaftsdienst (B 38, 60, vgl. auch B 21).² Von der Organisation des Stadtgerichtes, des sud, wird später die Rede sein. Die als rada bezeichneten Ratsversammlungen finden auf Berufung und unter Leitung des Bürgermeisters statt (B 44; D 1, 2); der richtarz nimmt daran nicht teil (B 21, 45). Hier interessiert uns namentlich die Tätigkeit des Ratsgerichtes, sie ist eine strafrechtliche (B 21, 24, 29, 35, 66, 69, 95, 110, 125, 128; D 45, wohl auch D 28), vorwiegend jedoch privatrechtlich, prze (B 23, 27); die strafrechtliche Tätigkeit hat einen überwiegend polizeilichen Charakter.³ Kleine Strafbeträge bilden eine Amtseinnahme der Ratmannen, erst die größeren fallen an die Gemeinde (B 24).⁴ Für die Vollstreckung der Urteile des Ratsgerichtes hat dasselbe einen eigenen Exekutivbeamten, der podrichtarz heißt (B 53 57, 58).⁵ Die Schreibgeschäfte besorgt der oberste Schreiber (B 60). Von der Verwaltungstätigkeit des Rates erfahren wir nur an verhältnismäßig wenigen Stellen (B 7, 69, 75, 107, 128; D 24, wohl auch D 37).

Die einzelnen Geschäfte teilen die Ratmannen untereinander auf.⁶ Wir erfahren vom Kämmereramt (B 32, 34)⁷; ein Ratsamt ist vielleicht auch das Bergmeisteramt (B 125, D 22, 23).⁸ Das wichtigste Amt ist jedoch jenes des

---

¹ Bei Rößler, St. R. 71, wird dieser Unterschied ausgedrückt mit: in den vier penchen (= sud) und in dem rat (= rada); in St. R. 77 u. 82 mit: in dem gericht und in dem rat; siehe auch unsere Quelle B 77; vgl. auch Tomek, Dějepis II 286 f.

² Über die Bedeutung des Botschaftsdienstes für die ganze Tätigkeit der Ratmannen vgl. Sander, Der reichsstädtische Haushalt Nürnbergs I 105 ff.

³ Das Verfahren vgl. unten II 6.

⁴ Im Statutarrecht 71, 72, 85 bei Rößler wird unterschieden zwischen magnae poenae iuratorum, die hier nicht in Betracht kommen, und minores poenae, di von den scheppfen gesazt sein, di von fuer etc. oder von welcherlei gepot oder geseze der scheppfen gefallen. Diese Bußen des Statutarrechts fallen zu einem Drittel an den Richter und zwei Dritteln an die Schöffen. Daneben gibt es Gerichtsgefälle, die zu einem Drittel an den Richter, zu zwei Drittel an die Stadt fallen. Hiezu vgl. zahlreiche Einzelbestimmungen, z. B. St. R. 20, 21, 29, 31, 32, 48, 76, 141. Daraus ist ersichtlich, daß auch die Verteilung der statutarischen Bußen, die wir bei Rößler, St. R., finden und wovon noch eine Erinnerung in B 125 unserer Quelle vorliegt, von den Gerichtsgebühren herübergenommen ist und ihren Ursprung der Vereinigung von Stadtgericht und Ratsgericht in einer Hand verdankt.

⁵ Siehe auch Archiv český IV 365 v. 1416: A tak konšelé u plné raddě kázali podrichtáři jemu práwa dopomoci.

⁶ Als solche Ratsämter werden in anderen Quellen genannt: das Schenkenamt, Bauamt (f. Mauern und Türme), Feueraufsicht, das Marktamt, Gefangenenamt, Stadtreinigung usw. Alle diese Ämter sind doppelt besetzt, Br. v. Liczko, Kap. 33 Art. 1.

⁷ Nach Rößler, St. R. 125, sollen zwei Schöffen „stetes sarg haben umb der stat gelt".

⁸ Vgl. Čelakovský, Codex iuris municipalis I Nr. 66, Tomek, VIII 288 f. Nach letzterem ist er ein Bürger der Altstadt, selbst Weinbergbesitzer, und hat eine Anzahl Hilfsorgane; er wird vom Rat der Altstadt bestellt.

Bürgermeisters. In unserer Quelle herrscht das System des monatlichen Wechsels des Amtes innerhalb des Rates (B 40, 43).[1] Der Bürgermeister handelt in Vertretung der Stadt als Körperschaft (B 41) und führt daher das Stadtsiegel (B 2, 16, 37).[2] In den engeren Angelegenheiten des Rates, rada, hat er abgesehen davon, daß er der berufene Leiter der Verhandlungen ist (B 44; D 1, 2, 45) und daher eine qualifizierte Residenzpflicht hat (B 16, 39), keine rechtliche Sonderstellung (B 38); anders im sud, wovon im nächsten Abschnitt gehandelt wird. Sowohl im Ratsgericht als auch im Stadtgericht obliegt ihm die Anordnung der Bestrafung des Verurteilten, also die Strafvollziehung (B 35, 36). Der Bürgermeister hat ferner eine Disziplinargewalt über Ratmannen und Amtleute (B 14, 28, (35), 44). Erhöhte Bedeutung hat er während eines Interregnums, wo er die gesamte Landesregierung sowie die Leitung der Fürstenwahl übernimmt (A 2, 4).

Gleichen Rang wie die Ratmannen (C 5; D 2) haben die Amtleute, vrzedniczy im engeren, eigentlichen Sinn,[3] welche na vrzadech oder na berniech sitzen (B 74).[4] Es sind angesehene Bürger (daher B 6), welche zu diesem Ehrenamt von der Gemeinde bestellt werden. (B 104 betreffend die vrzady, B 98 betreffend die bernie, wo statt der Gemeindegenossen, welche na berniech sedy, die Gemeinde, obecz, genannt ist.[5]) Deutsche sind davon ausgeschlossen (A 1; B 74). Zu den vrzedniczy gehören namentlich die zur Marktaufsicht bestellten und beeidigten Bürger, entsprechend den aus der früheren Zeit bekannten Amtspersonen (B 104).[6] Auch die obeczny, welche als Spitalverwalter unter der Oberaufsicht des Rates auftreten, gehören in diesen Kreis der Ehrenbeamten aus der Gemeinde (D 24).[7]

---

[1] Der Bürgermeister wird zum erstenmal im Jahre 1318 erwähnt, Regesten III Nr. 423 (her en habe vor dem purgermeister verpurget); Zycha, Ursprung der Städte 188 Anm. 4. Rößler, St. R. 134, scheint das System der ganzjährigen Bestellung des Bürgermeisters zu haben. Eine Zeitlang bestand vielleicht viermonatlicher Wechsel; die Regel dürfte monatlicher Wechsel gewesen sein, so auch in unserer Quelle und bei Brictius v. Liczko, Tomek, Dějepis II 287 Anm. 3, Kapras II 251, 483, wobei der erste, der primus magister civium, wie er 1409 heißt, in späterer Zeit Primator genannt wird, Čelakovský, S. 153.

[2] Winter, Kulturní obraz I 675f.

[3] Daher der Ausdruck vřednicy stráži nočních bei Br. v. Liczko, Kap. 45. Anders B 68, 70 und vrzad in B 60, wo es sich nicht um Ehrenämter, sondern um Organe des Rates handelt; da ist vrzedniczy im weiteren, heutigen Sinn genommen.

[4] Über die Losunger, bernici vgl. auch Tomek, Gesch. d. St. Prag, S. 324, Dějepis II 293, 356ff., VIII 345f.

[5] Ähnlich wie obecz starssie in B 19; vgl. auch Kapras, II. 251.

[6] Tomek, Dějepis II 293f. Pič, Mitt. d. V. f. Gesch. d. Deutsch. i. B. 44, S. 453. Die Stellung des hansgraff ist nach unserer Quelle nicht ganz sicher; er scheint, wie auch Pič annimmt, zu den untergeordneten Organen zu gehören (B 120).

[7] Vgl. Tomek, VIII 292f.; Čelakovský, Codex I 134 v. 1435 Art. 5.

2. Die innere Stadtverfassung.

d) Das Stadtgericht, sud, prawo.[1]

Es gibt zwei Stadtgerichte in Prag, ein Hoch- und ein Niedergericht.[2] Beide Gerichte hat entsprechend der freien Stellung der Stadt der Rat (B 72).[3] Das Hochgericht, nämlich die dreimal des Jahres stattfindenden echten Dinge, ssudowe plni, mit je einem Afterding, hält der Bürgermeister. Es berührt sich aber bereits die alte Einrichtung mit einer neuen; das Interesse einer öfteren Abhaltung des Hochgerichts fordert, daß jeder Bürgermeister ein Gericht veranstaltet, also alle vier Wochen ein Hochgericht abgehalten wird (B 40, 42). Die drei echten Dinge des Bürgermeisters mit den Afterdingen des Richters werden im 15. Jahrhundert lediglich eine formelle Bedeutung gehabt haben.[4] Das Niedergericht läßt die Stadt üben von einem richtarz (B 105); es findet wöchentlich zweimal statt (B 45).[5] In demselben handelt es sich vorwiegend um Geldstrafen oder privatrechtliche Angelegenheiten (B 45, 55, 56, 115; D 31).[6] während die schweren Fälle, die an Hals und Hand gehen, dem Bürgermeister im Hochgericht vorbehalten sind (B 36, poprawa).

Das Hochgericht ist besetzt mit dem Bürgermeister, dem gesamten Ratmannenkolleg, sud plni (B 12, 42, 71, 72; D 32, 35), und dem Richter — dieser

---

[1] Über die Vieldeutigkeit des Wortes prawo, ähnlich dem deutschen reht, vgl. Brandl im Právník X 188ff.

[2] Bei Rößler, St. R. 73, 74 und 121 wird der Gegensatz ausgedrückt mit: in dem gericht (= Niedergericht, soud obyčejný) und in ehaften dingen (= Hochgericht, soud zahájený, iudicium bannitum). Eidpfennig und Büttellohn betragen in letzterem das Doppelte, Nb. 16, 17. Tomek, Dějepis II 328; Winter, Kulturní obraz II 621ff.

[3] Die Freiheit vom Hochgericht des Unterkämmerers seit alters erhellt auch aus A 3; gegen Čelakovský, Úřad podkomořský v Čechách, Prag 1881, S. 11f., und Povšechné dějiny, S. 153f und 600, der im Zusammenhang mit seiner Gründungstheorie eine allmählich erlangte Befreiung vom Unterkämmerer annimmt, siehe Zycha, Prag, S. 199 Anm. 7; Ursprung der Städte 175ff., 180 Anm. 2. Dem König vorbehaltene Sachen wie im sobieslawschen Freibrief, sind bereits im 13. Jahrhundert nicht nachweisbar. Im Gegenteil, es heißt 1287, Jireček, Cod. iur. Bohemici I Nr. 78 Art. 16: quod iudex Pragensis, quicumque pro tempore fuerit, causas omnes determinet et iudicet secundum ius civitatis. Dem in anderen Städten infolge geänderter Städtepolitik konstatierbaren Übergang eines Teiles der Gerichtsbarkeit auf den Unterkämmerer im 14. Jahrhundert ist Prag augenscheinlich nicht gefolgt. Die Altstadt ließ sich 1331 die Befreiung vom Hochgericht des Unterkämmerers, nachdem dessen Amt zwischen 1321 bis 1331 in den Händen zweier Bürger der Altstadt gewesen war, ausdrücklich verbriefen. Daß später ein Teil der Gerichtsbarkeit auf den Bürgermeister übergeht, ist wohl eine Begleiterscheinung der Hinausdrängung des Richters aus dem Rat.

[4] Vgl. auch Čelakovský, 636; Teige, Ottův slovník naučný 23, S. 720.

[5] Eine Ausnahme ist das Gastgericht, Rößler, Nb. 20.

[6] Das Niedergericht hat alle Sachen bis 10 Schock Groschen, das Hochgericht alle über 10 Schock; eine ähnliche Abgrenzung zwischen dem oberen und unteren Landgericht finden wir im Ordo iudicii terrae, Werunsky, Zeitschr. d. Savigny-Stiftung f. Rechtsgesch. Germ. 10, S. 116; vgl. auch Tomek, Dějepis II 343, VIII 314.

hält ja das Afterding (B 42) —; zugegen ist wohl auch der Büttel, birzicz, und der Blutschreiber, krewny pisarz, als Gerichtsschreiber des Hochgerichtes (B 58); die Hilfsorgane, der Richter und der Blutschreiber, erscheinen wohl mit ihren Gehilfen, den 5 bezw. 3 Knappen, panossy (B 58). In älterer Zeit gehört wohl auch die Gemeinde als Umstand dazu.[1] Das Niedergericht des richtarz, der die Schreibgeschäfte in seinem Gericht entweder selbst besorgte oder durch einen seiner Knappen besorgen ließ, war wohl nur mit einigen wenigen, wahrscheinlich zwei (vgl. B 55),[2] Ratmannen besetzt, es ist kein sud plni (B 45).

Mit der Vollstreckung der Urteile, der poprawa (B 36), ist der Richter, hlawny richtarz, betraut, welcher die Hilfsmittel beizustellen hat (B 47) und in seiner Tätigkeit vom Büttel, birzicz, unterstützt wird (B 50, 129; D 29); sehr oft ist er aber auch allein als Exekutivorgan tätig (B 45, 49, 52, 54, 115). Der Richter hat neben der gerichtlichen auch die Steuerexekution (B 47, 54).

Er ist jedoch nicht bloß Richter im Niedergericht, sondern auch Polizeihauptmann der Stadt,[3] wobei ihn der birzicz unterstützt. Beide haben die Aufgabe, mit ihren Knappen, panossy, in der Nacht die Runde zu machen (B 129; D 29), und unfreie (rechtlose) Leute zu jagen (B 47, 50), wobei sie für die Ergreifung Belohnungen erhalten (B 50 im Vergleich mit D 30).[4]

Der Richter wird wohl vom Rat im Einvernehmen mit der Gemeinde bestellt (B 105),[5] soll Vollbürger (B 105)[6], wohlverhalten (B 6, 105),[7] und kein Deutscher (B 74) sein. Außer seinen gerichtlichen Sporteln (B 52),

---

[1] Regesten II Nr. 1461 von 1288; Zycha, Ursprung der Städte 189 Anm. 5; Teige, a. a. O. S. 720. Eine Spur davon könnte in unserer Quelle noch in B 98, obecz swolati, angenommen werden; wahrscheinlich handelt es sich aber um dasselbe wie oben S. 26 Anm. 5.

[2] Vgl. Rößler, Rb. 22, St. R. 61⁶, 94, besonders 141²; Teige, Ottův slovník naučný 23, S. 715; Tomek, Dějepis II 290. Es war vielleicht Vertretung der Ratmannen durch přísežní möglich; bei Br. v. Liczko, Kap. 32 Art. 3 wird die Zuziehung von konšelé als nálezače práva (Rechtsfinder) bzw. der přísežní (Geschworene, Eidgenossen, vgl. Kap. 32 Art. 7) zum Urteilfinden scharf betont. Die Meinung Čelakovskýs, 603, (siehe auch 617 f.) daß die Mitwirkung von Beisitzern in diesem Gericht nicht der ursprüngliche Rechtszustand sei, ist wohl ganz unbegründet; Zycha, Prag, 206 f. Ursprung der Städte 184 Anm. 2 und 3.

[3] Čelakovský, 155, Kapras, II 482.

[4] Vgl. hierzu Rößler, St. R. 5 (post tertium pulsum campanae iudicis), 20, 40, 141²,⁴; Regesten IV 247; Tomek, II 347 f. VIII 327.

[5] Die Bestellung von der Gemeinde und nicht vom König ist erst wieder eine Neuerung der Hussitenzeit, Kapras, II 251 und 482, Tomek, VIII 269 f.; vgl. auch Winter, Kulturní obraz I 621. Das war aber nur ein tatsächlicher Zustand, welcher erst im Jahre 1456, Čelakovský, Codex I Nr. 149, eine rechtliche Grundlage erhielt. Bezüglich des Rechtes des Königs auf das Stadtrichteramt vgl. Zycha, Prag, S. 198 ff., Ursprung der Städte 180 f.; Tomek, II 284 f.

[6] Vgl. Rößler, Rb. 51, Bürger.

[7] Vgl. Br. v. Liczko, Kap. 32.

2. Die innere Stadtverfassung.

namentlich dem Gewedde (D 31, fünf Groschen), bezieht er auch in seiner polizeilichen Tätigkeit Einkünfte und Sporteln (B 47, 50, 115, 119, 129; D 29).[1]

Wie allerorts gab es auch in Prag für besondere Rechtsverhältnisse Sondergerichte, sudy: Das Judengericht für Rechtsstreite zwischen Juden und Christen war besetzt mit einem christlichen Richter und zwei Geschworenen (B 55)[2]; das Gericht über Mühlen und Wehre hatte der Rat (B 71)[3]; das Gericht über Weinberge hatte ebenfalls der Rat, er hatte hiebei als Hilfs- und Exekutionsorgan den Bergmeister[4] (B 31; D 22, 23). Für Geistliche endlich, die geistliches Gewand trugen (D 27)[5] sowie für gewisse ehe- und erbrechtliche Angelegenheiten von Laien war wohl das geistliche Gericht (B 86) zuständig.

e) **Die Organe des Rates: Schreiber, pisarzi, Boten, poslowe, und die niederen Diener.**

Während die vrzady im engeren Sinn (B 104) von Rat und Gemeinde verwaltet werden, werden die vrzedniczy im modernen, aus dem kirchenbehördlichen Sprachgebrauch (vgl. B 86) übernommenen Sinn, vor allem die pisarzi, vom Rate allein bestellt (B 68, 70).[6]

Die Schreiber, pisarzi,[7] haben teils einen festen Gehalt, teils erhalten sie Sporteln, aber keine Amtskleidung. Der oberste Ratsschreiber hat 50 Schock Groschen, der untere Ratsschreiber 24 Schock Groschen, der Steuerschreiber 12 Schock Groschen; die anderen niederen Schreiber, welche weder bei den Ratssitzungen noch bei den Steuerlisten, dezky pro bernie (B 98), ein Amt zu versehen haben, leben, — sowie der stets vor dem Gefängnis sitzende (B 63)

---

[1] Gegenüber den älteren Statuten, nach denen der Richter stets einen Anteil an den Bußen hat (Rößler, St. R. 20, 21, 29, 31, 32, 72), wird der Richter 1404 auf die Gerichtssporteln beschränkt — darunter sind gewiß auch jene für die polizeiliche Tätigkeit begriffen — (Rößler, St. R. 75, 121, 141, 144, Rb. 18). Das hängt mit seiner Hinausdrängung aus dem Rat zusammen, die in unserer Quelle vollzogen erscheint; vgl. auch Čelakovský. 617f.; Tomek, Dějepis II 290f. Zum Artikel D 29 vgl. das šatlavné, Stockrecht, bei Tomek II 345; Winter, Kulturní obraz II 11.

[2] Vgl. Br. v. Liczko, Kap. 34 Art. 4, Kapras, II 346. Über die Rechtsstellung der Juden vgl. Zycha, Prag, S. 197, Tomek, Dějepis II 307f.

[3] Auch nach Rößler, St. R. 97 v. 1340 hat das Gericht über die Mühlen der Rat; vgl. auch Čelakovský, 154, soud der starší mlynáři; Codex I Nr. 38.

[4] Vgl. Čelakovský, 154, úřad perkmistra hor viničných, Tomek II 346, VIII 289. Sein Gericht ist nach Tomek besetzt mit 4 konšelé hor winničných, also 4 Bergschöffen. Daneben gibt es noch přísežní, welche dieselbe Funktion haben wie die Genannten in der Stadt. Winter, Kulturní obraz II 357ff.

[5] Vgl. Br. v. Liczko, Kap. 1 Art. 13, židé pak, kněží a urození lidé mají obzvláštní saudce. Ausnahme Kap. 1 Art. 31, Kap. 23 Art. 9, Kap. 35 Art. 7; vgl. ferner Kap. 1 Art. 44; vgl. auch Winter, Kulturní obraz II 31f.

[6] Vgl. Br. v. Liczko, Kap. 32 Art. 7 am Schluß.

[7] Vgl. auch Tomek, Dějepis II 294ff., VIII 279—288. Tadra, Kanceláře a písaři v zemích českých, Rozpravy české akademie císaře Fr. Jos. tr. I, Jahrg. I, Teil 2, S. 154ff. Nach unserer Quelle bestellt den Blutschreiber wohl der Rat und nicht der Richter.

Blutschreiber von den Gerichtssporteln, — nur von den Sporteln vom Niederschreiben von Urkunden für Privatparteien, namentlich Testamenten (B 60 bis 63). Besonders wegen der letzteren Tätigkeit sind sie mannigfach im Rechtsverkehr beschränkt (B 86, 87; vgl. auch B 30).

Zu den vom Rat bestellten vrzedniczy im weiteren Sinn gehören wohl auch die mit den Funktionen eines Büttels betrauten, bloß von Sporteln lebenden Organe, der podrichtarz, der stets auf dem Rathaus den Ratmannen zu Diensten stehen muß, und der birzicz (B 53, 58, 129; D 29).

Organe des Rates sind ferner die Stadtboten, poslowe. Es gibt einen reitenden Boten (B 65) und mehrere Boten zu Fuß (B 67); alle sind besoldet und tragen ein Amtsgewand.[1]

Alle diese Organe dürfen keine private Unternehmung, obchod oder rzemeslo, haben, sondern sollen lediglich Beamte sein (B 70).

Gelegentlich hören wir noch von anderen Organen, so vom hanzgraff[2] und Ungeldschreiber (B 120),[3] Hilfsorganen auf dem Markt, ferner von dem Bergschreiber und dem Vermesser als Hilfsorganen des Bergmeisters (D 23),[4] endlich vom Henker, kat (D 4).

Mehrere dieser Organe des Rates haben nun auch Hilfskräfte, Diener, welche wohl von ihnen selbst aufgenommen wurden; bei den gerichtlichen Organen, richtarz, podrichtarzie, pissarz krewny heißen sie panossy (B 58, 64),[5] beim Henker so, wie die Handwerksgesellen, pacholeczy (D 4; vgl. dazu B 112, C 3).

Genau so, wie die Ratmannen, unterstehen natürlich auch alle diese Organe und ihre Diener der Disziplinargewalt des Bürgermeisters (B 35 nach den meisten Handschriften).

f) Handel und Gewerbe.

Es wird in der Quelle zwischen obchod und rzemeslo, zwischen Handel und Gewerbe unterschieden (B 70, 123; D 37). Es gilt zwar für beide begrenzte Handels- bezw. Gewerbebefugnis, dies wird jedoch bloß beim Gewerbe, rzemeslo, streng durchgeführt (B 113).

Die Angehörigen eines Handels- oder Handwerkszweiges bilden Bruderschaften, bratrstvo, und heißen mistr, Meister (B 114).[6] Es herrscht wohl der

---

[1] Winter, Kulturní obraz I 686f.
[2] Betr. den Hansgraf in Mähren vgl. Kapras, II 419; in Prag Pick, Mitt. d. V. f. Gesch. d. Deutsch. i. B. 44, S. 452f.; er ist hier 1393 zuerst nachweisbar, jedoch nicht in dieser untergeordneten Stellung wie hier, sondern als leitender Marktbeamter.
[3] Über letzteren vgl. Tomek, VIII 292. Behördlich bestellte Unterkäufel kommen in unserer Quelle nicht vor.
[4] Vgl. dazu Tomek, VIII, S. 289.
[5] Der Ausdruck swateczni panossy in B 64 war wohl ursprünglich ein mehr weniger verächtlicher Ausdruck; es sind Knappen, die stets einen swatek, Festtag, haben, keine wirtschaftliche Arbeit leisten; sie sitzen beim Gefängnis mit ihrem Herrn (B 63). Über den Ausdruck vgl. auch Rößler, St. R. 42, Sonntagsknechte.
[6] Vgl. Br. v. Liczko, Jireček, Codex iuris municipalis IV, III, S. 376.

2. Die innere Stadtverfassung.

Grundsatz des Beitrittszwanges, der sich vereinzelt schon im 14. Jahrhundert in Böhmen findet.[1] An der Spitze steht der wahrscheinlich frei gewählte Meister der Zeche, cechmistr.[2] Die Aufnahme neuer Genossen erfolgt nach Ablegung einer Meisterprüfung, rzemeslo ukazaty, gegen Zahlung einer Aufnahmsgebühr (B 114).[3] Der Verband hat außer der religiösen und wirtschaftlichen auch eine große militärische Bedeutung (B 114)[4]; daher kommt es auch, daß manche kleine Verbände mit wenig Genossen zu einer größeren Gruppe unter der Fahne des bedeutendsten Verbandes vereinigt werden (D 8 bis 21).[5] Die Zechengebühren werden bereits als eine Last empfunden (B 114).

Die Marktordnung, namentlich die Überwachung der Beitrittspflicht und die Marktaufsicht, wird von den Ratmannen und der Gemeinde gehandhabt. Diese weisen den Kaufleuten und Handwerkern ihre Standplätze zu (D 37); diese bestellen zur Marktaufsicht für jede Zeche zwei prisezny, geschworene Bürger, wahrscheinlich in Eid genommene Zechgenossen (B 123, im Vergleich mit B 69)[6]; desgleichen werden Bürger zur Aufsicht über die einzelnen Märkte und zur Einnahme der Marktabgaben, des Ungeldes oder Zolles, bestellt (B 104).[7]

Starken Beschränkungen außerhalb der Jahrmarktzeit ist der Kaufmann aus der Fremde, der Gastkaufmann, kupecz host, unterworfen.[8] Als Gastkaufmann ist nach unserer Quelle wohl nur der landesfremde, nicht bloß der stadtfremde Kaufmann anzusehen. Die Quelle will eben in erster Linie die Rechtsstellung des landesfremden Kaufmanns darstellen. Nicht nur, daß er

---

[1] Peterka, D. Gewerberecht Böhmens 1909, S. 21 ff.
[2] Peterka, a. a. O., S. 64. Ob und welcher Unterschied zwischen Bruderschaft und Zeche in Böhmen zu machen ist, kann hier nicht erörtert werden. An eine freie Einung kann bei der Organisation von Handel und Gewerbe in Prag im 15. Jahrhundert nicht gedacht werden, es fehlte das Selbstbestimmungsrecht; vgl. auch Peterka, a. a. O., ferner Pič, Mitt. d. V. f. Gesch. d. Deutsch. i. B. 44, S. 427 und Winter, Nová česká revue 1904. Siehe auch Zycha, Ursprung der Städte 192 Anm. 1.
[3] Vgl. Winter, Dějiny řemesel a obchodu 1906, S. 690 ff., 695 ff.
[4] Der Zweck der Bruderschaften bezw. Zechen wird sonst in den Quellen sehr verschieden angegeben, Winter, a. a. O., S. 594 ff., S. 654 f; Peterka, a. a. O. S. 59 ff.
[5] In dieser Aufführung der den König begrüßenden Zünfte und ihrer Banner haben wir die älteste dieser Art vor uns, deren Entstehung Winter, a. a. O., S. 633, in die Luxemburger Zeit versetzt. Meines Erachtens ist sie erst in die spätere luxemburgische Zeit zu versetzen; vgl. auch Tomek, Dějepis II 391.
[6] Vgl. Rößler, St. R. 33 betr. die Schneider, sartores, diese haben 4 Meister zur Aufsicht; ferner St. R. 58 betr. Gewandschneider und Krämer, pannicidae et institores, welche 2 Beschauer haben; ferner St. R. 96, Nb. 93 betr. Tuchmacher, welche 4 geschworene Meister haben. Zur Marktordnung vgl. auch Rößler, St. R. 100, 101, 102 usw. Die přísežní werden jährlich von den Ratmannen neu bestellt, Br. v. Liczko, Kap. 33 Art. 1; sie werden dort ausdrücklich von den cechmistři unterschieden. Über die geschworenen Meister vgl. Peterka, a. a. O., S. 83 ff.; Tomek, Dějepis II 389 f.
[7] Vgl. dazu Rößler, St. R. 122, 126, 127, 128, 138, 143, 147.
[8] Zycha, Prag 68 f.; Ursprung der Städte 197. Zum Begriff des Gastes siehe oben II 2a.

ein höheres Ungeld bei Zufuhr und Durchfuhr von Kaufmannsgut zahlt (D 5, 6), muß er die Ware, die er nicht nur durchführt, binnen 14 Tagen ausverkaufen (B 120). Nur für den Hopfenhändler gibt es Erleichterungen (B 121)[1]; dieser war ja sicher schon damals kein landesfremder Kaufmann. Handelsgesellschaften zwischen Bürgern und Gästen sind verboten[2]; Prag hat endlich das alleinige Niederlagsrecht für Waren aus fremden Landen (B 120).[3]

Im Anschlusse daran möge auf das Sonderrecht betreffend Wein und Bier hingewiesen werden (B 124 bis 128; D 22, 23). Innerhalb der Bannmeile selbst wurde Wein gebaut; die Gerichtsbarkeit in Sachen der Weinberge stand dem Rate zu (B 31); er ließ sie durch einen Bergmeister, wahrscheinlich einen der Ratmannen, ausüben, als dessen Hilfsorgane ein Bergschreiber und ein Vermesser in der Quelle genannt werden (D 22, 23). Das Weinberggelände wurde abgeteilt und gegen Zins vom Bergmeister ausgetan (D 23, 2. Satz).[4] Der Rat hatte daher ein großes Interesse an der Beschränkung der Zufuhr fremder Weine; dies wurde erreicht durch Beschränkung der Einfuhrzeiten, durch Festsetzung der Menge und der Preistaxen für die einzuführenden fremdländischen Weine (B 127, 128)[5], ferner durch besondere Besteuerung des von den Juden eingeführten fremdländischen Weines und das Verbot des Verkaufes desselben an die Christen (B 125).[6] Aus den Bestimmungen über das Bier können wir das gleiche Prinzip mittelalterlicher Stadtwirtschaft ersehen; fremdes Bier wird durch Festsetzung eines Höchstpreises und Beschränkung sowie strenge Überwachung des Ausschankes möglichst ferngehalten (B 124, 126).[7] Das Bierbrauen ist nicht den Bürgern im engeren Sinn vorbehalten (D 40).

---

[1] Wesentlich verschieden, für den Gastkaufmann günstiger, ist die Regelung bei Rößler, St. N. 1; vgl. auch Pick, a. a. O., S. 283f. Erst durch St. N. 8 v. 1328 wurde ein Rechtszustand eingeführt, der annähernd unserem Art. B 120 entspricht; vgl. auch St. N. 9, 10, 11, 12, 102, 117, 127 Abs. 3, 4. Eine eingehende Darstellung der Entwicklung des Gästerechts gibt Pick, M. d. V. f. Gesch. d. Deutsch. i. B. 44, S. 421 ff.

[2] Vgl. Rößler, St. N. 8 und 117 Abs. 11, 13. Čelakovský, Codex I Nr. 8 v. 1304.

[3] Vgl. auch Rößler, St. N. 117 Abs. 5, 7, 8. Čelakovský, Codex I 111 v. 1393, I 114 v. 1400; Palacky, Formelbücher II Nr. 164 v. 1393. Über das Niederlagsrecht vgl. Pick, Mitt. d. V. f. Gesch. d. Deutsch. i. B. 44, S. 436 ff. Tomek, Dějepis II 405. Zycha, Ursprung der Städte 195f.

[4] Vgl. auch Rößler, St. N. 136 Abs. 1. Čelakovský, Codex I Nr. 66 u. Nr. 68 v. 1358.

[5] Vgl. Rößler, St. N. 120, 123. Čelakovský, Codex I Nr. 90 v. 1370, I 94 v. 1373.

[6] Zur Erklärung der in unseren Quellen genannten Maße dienen die bei Pick, Mitt. d. V. f. Gesch. d. Deutsch. i. B. 44, S. 300, namhaft gemachten Quellen, und namentlich die Arbeiten Smoliks in den Rozpravy české akademie c. Fr. Jos. Ein Faß, sud, hat 4 Zuber, džbery, und 1 džber 64 Pint, pinty. Die Umrechnung auf die gegenwärtigen Maße versucht Pick, a. a. O. Anm. 5.

[7] Vgl. Rößler, St. N. 123, 132 Abs. 5; Der Bierschank ist nur in Bürgerhäusern, d. h. in Häusern, die mit der Stadt leiden, gestattet, St. N. 146 Abs. 2; vgl. auch Tomek, Dějepis II 533f.

2. Die innere Stadtverfassung.

g) Militärische Verfassung und Finanzen.

Zwei Pflichten sind es, welche den Bürger und Inwohner treffen, ponoczky, die Wachpflicht, und poplatky, die Schoßpflicht, die Pflicht zur Bern und anderen Steuern (B 15, 78; B 85, C 5). Hiermit waren aber die Machtquellen der Stadt nicht erschöpft. Wie die Wachpflicht nur in Friedenszeiten bestand und die Stadt in Kriegs- und Fehdezeiten ihre Einwohner weit stärker heranziehen mußte, so wurde auch der Geldbedarf der Stadt nicht allein aus den Steuern und nicht allein von den Bürgern bestritten.

Zur Verteidigung der Stadt waren sowohl die Bürger als auch sämtliche Inwohner verpflichtet. Zur Teilnahme an Kriegs- und Fehdezügen wurden jedoch außer den Bürgern nur jene Inwohner herangezogen, welche ein Haus besaßen, gleichgültig ob zu Eigentum, zur Leihe oder bloß zur Miete[1]; letztere waren auch zur Nachtwache verpflichtet (D 40).[2] Ein wichtiger Bestandteil der städtischen Wehrmacht waren die Zünfte unter der Führung ihrer Zechmeister (B 114).

Die wichtigste Finanzquelle der Stadt war die direkte Steuer, in unserem Rechtsbuch berna genannt.[3] Sie ist eine Vermögenssteuer. Gezahlt wird sie der Stadt gegenüber von allen Bürgern und den Inwohnern, welche mindestens einen eigenen Rauch in der Stadt haben.[4] Während die Bürger die Steuer von ihrem Vermögen in der Stadt und auf dem Lande entrichten (B 15, D 39), zahlen sie die Inwohner nur vom städtischen Besitz (D 40). Eine Sonderbegünstigung besteht für die Neubürger im ersten Jahre (B 103). Bemessen wurde die Steuer, wie überall, auf Grund der eigenen, eventuell eidlichen Vermögensangabe des Steuerpflichtigen von den zur Führung der Steuerlisten (B 98) und für die Steuereinhebung bestimmten Bürgern (B 74);[5] bei dem Verdacht eines Steuerbetruges entscheidet das Stadtgericht, sud (B 98); die Steuerexekution hat der Richter (B 47, 54). Auf Steuerhinterziehung ist Verlust des Bürgerrechts gesetzt (B 85).[6]

---

[1] Eine genaue Regelung der Heerfahrtpflicht unter Einteilung der Stadt in vier Viertel — immer abwechselnd ziehen zwei aus und die anderen tragen die Losung — finden wir bei Rößler, St. R. 64 v. 1371. Jeder, ob arm oder reich, hat auf seine eigene ezerunge auszuziehen.

[2] Die Schildwache wurde zur Nachtzeit gehalten unter Leitung des Rates bezw. der Genannten, welche vom Rat hiezu bestellt wurden und dann dieselbe Gewalt hatten, wie die Ratmannen. Rößler, St. R. 129, Abs. 13; Tomek, Dějepis II 347 f.

[3] In den deutschen Quellen der vorhussitischen Zeit wird sie losung genannt. Über letztere vgl. Zycha, Prag 208 ff.

[4] Das für die Zeit von 1427 bis 1434 erhaltene Steuerbuch, Čelakovský, Soupis rukopisů Nr. 31, S. 52, enthält nach Tomek, Dějepis II 356 Anm. 40 nur die Steuer von Häusern und jene der Mieter, nájemníci. Die Eintragungen betreffen den Kauf und Verkauf von Realitäten, was auch in unserem Rechtsbuch B 98 angedeutet ist; siehe jetzt Karl Beer, M. J. Ö. G. 36 (1915) S. 59 ff. Zur Besteuerung der Inwohner, aber Befreiung der Herren und der Geistlichen vgl. Čelakovský, Codex I Nr. 40 v. 1341.

[5] Vgl. auch die eingehende Regelung bei Rößler, St. R. 104; 4 Losunger, 2 Schöffen und 2 von der Gemeinde, werden genannt bei Rößler, St. R. 110; vgl. Zycha, Prag 211.

[6] Vgl. Rößler, St. R. 111, 112, 137 Abs. 1. Tomek, II 359.

II. Systematische Darstellung des Rechtsstoffes.

Ebenfalls eine Vermögenssteuer ist das Abfahrtsgeld, welches ein Bürger zu zahlen hat, der das Bürgerrecht aufgibt und mit seiner Habe wegzieht, aber auch der auswärtige Testamentserbe eines Bürgers (B 78, 85; C 5, 7); es beträgt 6 Groschen vom Schock, während die Bern höchstens 3 Groschen beträgt (C 5, 7; D 39).[1]

Einnahmen der Stadt sind ferner die Marktgebühren sowie das Ungeld und der Zoll (B 104).[2] Das Ungeld wird eingehoben von durchgeführter und eingeführter Ware, von Bürgern und Gästen; und zwar ist es für bloß durchgeführte Ware und für Bürger niedriger (B 120; D 5, 6).[3] Ein spezieller Fall des Ungelds ist die Weinabgabe der Juden, wovon ein Drittel an den Bergmeister fällt (B 125). Im Anschlusse hieran wäre die Fischmarktabgabe, poribne, zu erwähnen (B 47).[4]

Ferner gelangen an die Gemeinde die Strafen über 7 Schock Groschen, welche der Rat verhängt (B 24).[5]

Endlich fällt das konfiszierte Vermögen, wenigstens zum Teil, an die Gemeinde. Während einzelne konfiszierte Gegenstände ähnlich wie die geringeren Strafen dem Rat zukommen, so wahrscheinlich der verfallene Wein (B 125, 128),[6] fallen ganze Vermögensmassen an die Gemeinde als solche (B 120; D 33, 35, 36).[7] Eine ganz besondere Bedeutung hatte dies zur Hussitenzeit, da zahlreiche Bürger, ohne irgend etwas verschuldet zu haben, aus der Stadt ohne ordentliche Abrechnung flohen und binnen Jahr und Tag nicht wiederkehrten, wonach ihr Vermögen von der Gemeinde eingezogen wurde (B 85, D 36).[8]

Regelmäßige Ausgaben betreffen die Besoldung der Angestellten und die Beistellung ihrer Amtserfordernisse; zum Teil sind sie direkt an die einzelnen Einnahmsquellen, namentlich die Bern angewiesen (B 47, 60, 61, 62, 65; D 4).

---

[1] Vgl. auch Rößler, St. R. 132 Abs. 2, 133 Abs. 6.

[2] Vgl. auch Br. v. Liczko, Kap. 65. Die Ausdrucksweise Ungeld und Zoll ist ein Pleonasmus, es handelt sich lediglich um ein von der Gemeinde erhobenes Ungeld. Über die Entstehung desselben aus dem Marktzoll und das ältere Schicksal vgl. Zycha, Prag 57 ff., 64, 200; über die Erwerbung des Ungelds durch die Stadt Pick, Mitt. d. V. f. Gesch. d. Deutsch. i. B. 44, S. 287 ff.; für unsere Zeit Tomek, VIII 349. Über die Maut, also das Wege und Brückengeld- vgl. Zycha, Prag 65, und Tomek, VIII 341 ff. Juritsch, Handel und Handelsrecht 1907, S. 46 ff., 60 f. In D 40 am Schluß handelt es sich meines Erachtens um keine Sondersteuer von der Bierproduktion und dem Gästebeherbergen, sondern bloß um die beispielsweise Anführung der Gründe für das Mitleiden (poplatky) von Inwohnern.

[3] Über das Ungeld vgl. auch Rößler, St. R. 1, 43, 47.

[4] Über die Bedeutung und die Höhe desselben vgl. Teige, Základy starého místopisu Pražského, Díl I, Prag 1910, S. 42 ff.

[5] Tomek VIII 341.

[6] Ein Analogon beim Richter ist B 115.

[7] Nur das Judenvermögen fällt mit Rücksicht auf das Judenschutzregal an den König, B 117.

[8] Über die gewaltigen, für die Gemeinde dadurch erworbenen Vermögensmassen vgl. Tomek, VIII 333 f., 339 f.

Sonst werden als wichtigste Gemeindelast genannt obeczna diela und miestske oprawenie, also die Stadtbefestigung (B 24). Weitere Ausgaben entspringen, wie im folgenden Abschnitt auszuführen ist, aus der Stellung der Stadt im Lande.

3. Verhältnis der Stadt nach außen.

Der wichtigste Grundsatz ist die Freiheit der Stadt von der Gewalt der Landesbeamten; sie untersteht unmittelbar dem König (A 3).[1] Der König allein kann über die Entsetzung des Rates durch die Gemeinde entscheiden (B 12). An ihn allein sind Appellationen gegen das Ratsgericht möglich (B 29).[2] Mit ihm verkehrt die Gemeinde lediglich durch den Rat, und zwar mittels Botschaften (B 7, 107). Er hat auch das Heimfallsrecht, soweit nicht das Gut aus anderen Gründen teilweise oder ganz an die Gemeinde fällt (B 78).[3]

Zeigt sich schon hier eine bedeutende Abhängigkeit der Gemeinde vom König, so tritt sie noch stärker hervor bei der Bestellung des Rates. Der König setzt die Ratmannen ein und beeidigt sie; von ihm empfängt der Bürgermeister das Siegel, und an ihn hat er es wieder abzugeben (B 2, 4, 10, 37). Vom König empfangen auch die Innungen ihre Banner (D 9).

Diese Unterordnung unter den König ist der Grund für die Pflicht der Stadt zur Bernzahlung und zur Landesverteidigung (A 3).[4] Beide Pflichten sind jedoch äußerst beschränkt, die Pflicht zur Bern außer der Landesbern nur auf den Fall des Kriegszuges gegen die Deutschen,[5] jene zur Landesverteidigung auf die Beistellung eines geringen Kontingents (B 106, 109); sonst hat die Stadt an den König bloß Neujahrsgeschenke zu leisten (B 108).

---

[1] Kapras, Právní dějiny II 249; Čelakovský, Povšechné dějiny 148 u. 152; Zycha, Prag 199 Anm. 7.

[2] Appellationen gegen der Ratsherren und Schöffen orteil an den König allein sind vorgesehen bei Rößler, St. R. 81. Tomek, II 331.

[3] In D 33, 35, 36 ist der Grund des Vermögensverfalls an die Gemeinde die Bestrafung für das eigenmächtige Verlassen der Stadt. In B 117 ist anderseits der Grund des Vermögensverfalls an den König im königlichen Judenschutzregal zu suchen. Über das Heimfallsrecht im böhmischen Landrecht vgl. Schreuer, Untersuchungen zur Verfassungsgeschichte der böhm. Sagenzeit, Schmollers Forschungen XX 4, S. 30 f., ferner Koß, Die ältesten böhmischen Landesprivilegien, S. 21 ff. Siehe auch Tomek, II 363. Eine Neuregelung im Prager Stadtrecht, Heimfall an die Gemeinde, findet sich bei Čelakovský, Codex I Nr. 191 von 1499; siehe auch dessen Heimfallsrecht auf das freivererbliche Vermögen in Böhmen, und das Právo odúmrtné k statkům zpupným v Čechách, Prag 1882, S. 25 f. Tomaschek, Das Heimfallsrecht, Wien 1882, S. 113 ff.

[4] Siehe über die Frage der herfart Rößler, St. R. 64 v. 1371; Tomek, Dějepis II 371 f.

[5] Betreffend diese Bern vgl. Čelakovský, S. 107; Koß, a. a. O. Der einzige Fall, in welchem die Pflicht zur Geltung kommt, erklärt sich aus den Verhältnissen zur Hussitenzeit nach 1427, Čelakovský, S. 628 ff. Von ordentlichen Königssteuern findet sich keine Erwähnung; auch die Neujahrsgeschenke können nicht als solche gelten; vgl. auch Zycha, Prag 201 f., ferner die in vielen Handschriften, in denen auch unsere Quelle vorkommt, eingetragene summa integra berne regalis (Čelakovský, Codex II S. 900 ff., ferner Fontes rerum Austriacarum II 20 Nr. 531, jetzt Beer, a. a. O. S. 86), in welcher die Altstadt Prag nicht mitgenannt wird, hiezu Tomek, II 363 ff.

4. Privatrecht.

a) Allgemeines.

Nicht nur auf öffentlichrechtlichem Gebiet ist, namentlich wegen Minderung der persönlichen Ehre, die Rechtsfähigkeit vielfach beschränkt (A 1; B 1, 5, 6, 8, 9, 11, 13, 15, 17, 18, 74, 105 usw.), sondern auch auf dem Gebiete des Privatrechts. So dürfen Deutsche auf dem Ring kein Haus kaufen (B 75); so sind geistliche Personen, Amtleute geistlicher Gerichte und die Stadtschreiber vom Amt des Vormundes, porucznik, ausgeschlossen (B 86), und ist das testamentarische Erbrecht der Geistlichen auf Leibrenten beschränkt (B 87, 90). Vollständiger Verlust der Rechtsfähigkeit tritt wohl ein für den geflohenen Bürger, der ein todeswürdiges Verbrechen begangen hat (D 33, 35). Vielfach besteht zwar Rechtsfähigkeit, der Rechtsverkehr erfährt aber eine Sonderregelung (B 26, 30, 116, 117, 118). Äußerlich kommt die verschiedene Rechtsfähigkeit vielfach durch das Gewand zum Ausdruck (B 111, 112 für Handwerker; B 115 für Juden; D 3 für Dirnen; D 4 für den Henker und seine Gattin).

Die Handlungsfähigkeit ist beschränkt bei Kindern, die ihre Jahre noch nicht erreicht haben (B 81, 84, 89).[1]

Was die juristischen Personen anbelangt, so ist, abgesehen von der Erwähnung der Bruderschaften, bratrstwo, und der Innungen, cech (B 114), namentlich die Unveräußerlichkeit und Unverpfändbarkeit des Vermögens einiger während der Hussitenstürme in ihrem Vermögen besonders bedrohter Körperschaften und Anstalten ausdrücklich ausgesprochen (D 25 und 26).[2]

Verschiedene Bestimmungen haben den Zweck, einer übermäßigen Ausbreitung des kirchlichen Vermögens vorzubeugen (B 30, 86, 87, 90, 92).

Von Formen der Rechtsgeschäfte werden genannt: Briefe, listy (für Testamente, Dienstbarkeiten, Kauf- und Schuldverträge: B 9, 26, 60, 61, 62, 79, 81, 110, 117; D 23, 34 trh),[3] ferner Eintragung in Bücher (Bestellung von Dienstbarkeiten, Kaufverträge: B 61, 90; D 34), endlich Gerichtlichkeit (Auflassungen, Testamente: B 73, 77, 93; C 5; D 44). Die gelegentlich erwähnte Verschweigungsfrist für Widersprüche, odpor, beträgt Jahr und Tag (B 73, 77; C 5; D 44).[4]

---

[1] Rößler, St. R. 53, 56, 129⁸. Br. v. Liczko, Kap. 54 Art. 3.

[2] Hospitäler sind nach D 24 städtische Anstalten, wie es dem in der Hussitenzeit geschaffenen Rechtszustand, Čelakovský, Codex I 134 Art. 5 v. 1435, entspricht; die Verwaltung soll namens des Rates ein angesehener Bürger als Spitalmeister besorgen. Betreffend das Kolleggut (D 26) vgl. Codex I 134 Art. 6. Unsere Quelle macht in der Ausdrucksweise einen Unterschied zwischen der Universität und den Kollegien als Korporationen einerseits und den Hospitälern als Anstalten andererseits.

[3] Rößler, St. R. 109 u. 121⁵. Im Jahre 1373 wurde für die Gültigkeit der Rentenbriefe deren Eintragung in das Stadtregister gefordert. Ausgenommen sind Rechte, die „in gehegter pank" erworben sind, sowie solche, die „uff leypgedinge lawuten". Br. v. Liczko, Kap. 50.

[4] D. i. ein Jahr, sechs Wochen (und drei Tage), vgl. Stieber, K vývoji správy. Rozpravy české akademie c. Fr. J. Kl. I, Jahrg. 9 Nr. 1, Anm. 77.

4. Privatrecht.

b) Sachenrecht.

Für die Rechte an Sachen ist die Unterscheidung von beweglichen und unbeweglichen Sachen, zbozie mowite und zbozie nemowite, von Bedeutung. Zu den letzteren werden gerechnet: domy, winicze, dworowee, weiter diedini, und plati, also Häuser, Weinberge, Höfe, ferner Erbe und Zinse (B 103; D 33). Als unbeweglich gelten wohl von den letzteren nur die ewigen Erbzinse, plati diediczni wieczni (B 90).

Bezüglich der beweglichen Sachen, auch wiecz genannt, erwähnt die Quelle nur die Pfändung derselben für schuldige Dienste u. dgl. (C 3; D 22) und eine Ausnahme vom sog. Judenrecht (B 118). An Juden unverpfändbar sind kirchliche Gegenstände (B 116). Die willkürliche Behandlung eines Pfandes als Verfallspfand wird als Wucher angesehen (D 32). Vom richterlichen Pfandrecht wird an anderer Stelle die Rede sein.[1] Ähnlich dem Finderlohn ist die Entschädigung, die der Ergreifer eines Diebes nach Herausgabe des gestohlenen Gutes erhält (D 30).

Stärker beschäftigt sich die Quelle mit den unbeweglichen Sachen. Das Graben über die Grenzen der Bauwerke und Weinberge ist mit Geldstrafen an den Rat bezw. den Bergmeister bedroht. Durch eine Reihe von Bestimmungen des Nachbarrechtes ist das gegenseitige Verhältnis der Nachbarn geregelt.[2] Ferner sind die Pflichten der Anrainer auf dem Lande in bezug auf die öffentlichen Straßen festgelegt; letztere Bestimmung fällt bereits aus dem Stadtrecht heraus (B 110; D 7, 23).

Das Eigentum an unbeweglichen Sachen wird erworben durch Auflassung im Gericht der belegenen Sache,[3] und zwar im echten Ding, wobei ein dreimaliges Aufgebot, wiwolani, stattfindet und der Verkäufer durch Jahr und Tag dem Erwerber gegen Anfechtungen Gewähr leistet.[4] Nach Jahr und Tag des

---

[1] Das Vertragspfand heißt in unserer Quelle základ (B 117), die Pfändung zájem und klentowati (B 47). Dieselben Ausdrücke sind im Landrecht üblich, zájem allerdings für die eigenmächtige Pfändung, vgl. Kapras, Zeitschr. f. vergl. Rechtswissensch., 17. Bd. S. 464 ff.

[2] Ähnliche Bestimmungen finden sich bei Br. v. Liczko, Kap. 5 Art. 1, vgl. auch Kap. 19; siehe ferner Tadra, Summa Gerhardi Nr. 6, 118, 125. Nebenbei sei bemerkt, daß das Grenzgericht, soud mezni, auf dem Lande der Burggraf von Prag hatte, siehe Brandl, Právník, VIII 158; etwas anderes ist das soud hraničný bei Kolbin Art. A 43, vgl. Stieber, Soud hraničný, Rozpravy I Nr. 51, Prag 1914.

[3] Vgl. dazu Rößler, St. R. 70, 119 [6,7,8]; R. b. 140, 149 [3,4,5]; Br. v. Liczko, Kap. 27 Art. 4, 6, 9; Tomek, Gesch. d. St. Prag, S. 309; vgl. Tadra, Summa Gerhardi: Nr. 137 (in facie iudicii civitatis), 138 (in publico Prag. civitatis iudicio), 141 (coram nobis in contestato iudicio, ubi gesta quelibet debitam obtinent efficaciam), 180 (in iudicio publico, prout consuevit fieri) usw.; Randa, Zeitschr. f. d. Privat u. öff. Recht (Grünhuts Zeitschr.) Bd. 6, S. 85 Anm. 11, S. 88 Anm. 19, S. 105f.

[4] Vgl. Rößler, St. R. 106, 107, 138[1], R. b. 97, 145; vgl. auch R. b. 146; Br. v. Liczko, Kap. 21 Art. 3, Kap. 27 Art. 35; vgl. dazu Stieber, K vývoji správy, S. 10. Nach Landrecht beträgt die Frist der Gewährleistung drei Jahre und 18 (bzw. 6) Wochen.

unangefochtenen Besitzes hat der Käufer die rechte Gewere erworben.¹ Die Eigentumsübertragung wird durch Briefe, list, sowie durch Eintragung in die Stadtbücher, zapissowani w kniehy, seitens des niederen Ratsschreibers (B 61) gesichert und bewiesen.² Durch Eintragung von mehreren Namen kann hiebei ein Eigentum zur gesamten Hand begründet werden, ohne daß die Berechtigten von der bezüglichen einseitig vom Bürger getroffenen Verfügung Kenntnis zu haben brauchen; da ihnen ihr Recht nicht einseitig wieder entzogen werden kann, ist die Wirkung stärker als eine bloß erbrechtliche³ (B 73, 77; D 23, 34, 44).

Die Belastung des Eigentums mit Realservituten oder mit Renten erfolgt mittels Übergabe und Übernahme von Briefen, welche der niedere Stadtschreiber ausstellt, wozu wohl noch die Eintragung in die Stadtbücher kommt (B 61, 90, 110).⁴

Vom Pfandrecht an unbeweglichen Sachen (Weinbergen) handelt die Quelle nur an einer Stelle (D 23); da es sich aber daselbst um ein richterlich bestelltes Pfandrecht handelt, gehört das an einen anderen Ort.

c) Das Schuldrecht.

Vom Schuldrecht ist nur höchst spärlich die Rede. Dluznik bedeutet sowohl Schuldner als auch Gläubiger (B 130); dluh ist die Darlehensschuld im Gegensatz zu der Kaufschuld und anderen Schulden; penieze, Geld, bedeutet auch die Geldschuld (B 41, 56, 76, 95).

Ein Sonderrecht für jüdische Schulden gegen Pfand ist es, daß die Ausstellung von zwei Briefen, offenbar in der Form von Zertern, Kerbzetteln, als ein Erfordernis zur Gültigkeit des Vertrages vorgeschrieben ist (B 117).⁵ Jeder Wucher der Christen — der Wucherbegriff ist sehr weit gefaßt⁶ — sowie schwere Fälle des Judenwuchers — namentlich wenn es sich um keine Zinsforderung, sondern zur Verschleierung derselben um eine Erhöhung der Schuldsumme handelt — sind verboten und strafbar (B 117; D 32).

---

¹ Rößler, N. b. 8, 39, 142. Durch den Einfluß des Landtafelrechtes wurde das Institut der rechten Gewere in Böhmen stark verändert, Stieber, a. a. O., S. 11 ff., 22.

² Über die Eintragungen in die Prager Stadtbücher und ihre rechtsbegründende Wirkung zuerst nach dem Stadtrecht des Br. v. Liczko, Kap. 27 Art. 1, 2, 6 u. a., vgl. Randa, Grünhuts Zeitschr. Bd. 6, S. 105 ff., bes. Anm. 72; vgl. auch dessen Právo vlastnické, 2. Ausgabe Prag 1874, § 24 Anm. 1.

³ Es dürfte sich in D 34 um eine Anlehnung an die landrechtliche Gütervereinigung congressio, unio, spolek, stupek handeln. Über letztere vgl. v. Brünneck, Zeitschr. d. Savigny-Stiftung f. Rechtsgesch. germ. XX, S. 19 ff. Denn als Berechtigte sind in D 34 nur Verwandte gedacht, denen so ein vom Erblasser einseitig nicht entziehbares Nachfolgerecht verschafft werden soll.

⁴ Vgl. Br. v. Liczko, Kap. 61; ferner Tomek, VIII 314 (Statut von 1453).

⁵ Vgl. zu diesem Artikel die Schuldverschreibungen an Juden in der Summa Gerhardi, ed. Tadra, Wien 1882 Nr. 153—157; ferner Kapras, Das Pfandrecht, Gierkes Untersuchungen 83, S. 85.

⁶ Nicht bloß Kreditwucher gehört hieher, sondern auch Sachwucher in jeder denkbaren Form der Übervorteilung. Zur Geschichte des Wucherstrafrechts vgl. Jsopescul-Grecul, Das Wucherstrafrecht, Leipzig 1906, S. 102 u. 124. Vgl. auch Br. v. Liczko, Kap. 71, Art. 1.

4. Privatrecht.

Durch Bürgschaft (C 3) und Pfand (B 117; D 32)[1] kann eine Schuld gesichert werden.

Gesetzlich ist ein Ruhen der Schuld angeordnet bei Unmündigkeit der Erben des Schuldners (B 81, 89), sowie bei der Verehelichung des mit einer Schuld belasteten Gesellen oder einer Magd (C 3).

d) Familienrecht.

Mit dem Eherecht beschäftigt sich die Quelle mit Rücksicht auf die Zuständigkeit des geistlichen Gerichts nur wenig. Hier ist nur zu erwähnen die Freiheit der Eheschließung des Gesindes (C 3).

Was das eheliche Güterrecht betrifft, so ist von den einschlägigen erbrechtlichen Bestimmungen hier zu erwähnen, daß die Frau nach dem Mann ein Drittel erbt (B 78). Sonst befaßt sich die Quelle vornehmlich mit der Regelung der Schuldenfrage. Ohne Wissen des Mannes kann die Frau sein Vermögen nur im Rahmen der Schlüsselgewalt, d. i. bis zu drei Hellern, einschulden. Sonstige während der Ehe ohne Wissen des Mannes eingegangene Schulden können gegen sie nur dann, wenn sie ihren Mann überlebt, geltendgemacht werden (C 2).[2] Aus der Bestimmung über die Gemeinsamkeit der vorehelichen Schulden eines heiratenden Gesellen oder einer Magd (C 3) kann man, da hier ein Sonderrecht beabsichtigt ist, keine allgemeine Regel ableiten.[3]

Als eine Freiheit des Prager Rechtes wird betont, daß der Vater seinem Kind, Sohn oder Tochter, bei der Abschichtung als seinen Anteil — bei der Tochter ist es das Heiratsgut (B 88) — geben kann, wie viel er will (B 83, C 6). Erst nach dem Tode des Vaters können die abgeschichteten Kinder, wenn

---

[1] Rößler, Nb. 13, 23; Br. v. Liczko, Kap. 27 Art. 11, 12; Kap. 49.

[2] Betreffend Exekutionsführung wegen vorehelicher Schulden der Frau erst nach dem Tode des Mannes vgl. Rößler, St. R. 105 Abs. 2. Wegen Schulden während der Ehe, wenn die Frau nicht eigene Güter hat, ist in St. R. 119 Abs. 12 dieselbe Regelung wie in unserem Rechtsbuch C 2; hat sie eigene Güter, so muß sie sofort bezahlen, ebenso St. R. 125 Abs. 7. Voreheliche Schulden der Frau können auch nach Br. v. Liczko, Kap. 16 Art. 1 nicht gegen das Vermögen des Mannes geltend gemacht werden. Das Recht der Verschuldung bis drei Heller gilt auch für Deliktsschulden, Br. v. Liczko, Kap. 20 Art. 23, vgl. auch Kap. 21 Art. 4, Kap. 40.

[3] Zum Güterrecht wäre noch zu beachten, daß nach dem St. R. 59 Abs. 5 von 1364 bei Rößler die Frau nur mit dem Willen des Gatten claynet, gewant oder gut vorschaffen mag. Über ein etwaiges Vorbehaltsgut jedoch kann sie frei verfügen (dieselbe Regelung finden wir bei Br. v. Liczko, Kap. 67, Art. 4). Stirbt sie ohne Geschäft oder Vergabung, so fällt das Gut an ihren Gatten. Bezüglich des unbeweglichen Gutes wurde dies jedoch 1380 aufgehoben, St. R. 133 Abs. 1. Nach Br. v. Liczko, Kap. 41 Art. 8 und 10 ist der Mann der Herr und Vogt, pán a správce, správce a vládař, über das Frauengut und hat das alleinige Verfügungsrecht darüber. Anders war es zum Teil im böhmischen Landrecht des 15. Jahrhunderts, wo die eheliche Vormundschaft des Mannes auf die Morgengabe (Wittum), věno, beschränkt war, vgl. v. Czyhlarz, Zur Geschichte des ehelichen Güterrechts im böhm.-mähr. Landrecht, Leipzig 1883, S. 14 ff.; ferner Kapras, Manželské právo majetkové, Sitzungsberichte der kgl. böhm. Gesellsch. d. Wissensch. 1908, S. 49.

sie das Bürgerrecht besitzen und kein Testament vorliegt, eine Ausgleichung verlangen (B 80, 82, 87, 88).

Unmündige Kinder stehen unter Vormundschaft.[1] Wer den Vormund bestellt, sagt die Quelle nicht, wahrscheinlich normalerweise der Erblasser.[2] Es werden aber geistliche Personen, Amtleute geistlicher Gerichte und Stadtschreiber davon ausgeschlossen (B 86).[3] Soweit Ansprüche gegen die Verlassenschaft nicht binnen 6 Wochen nach dem Tode des Erblassers geltend gemacht werden, ruhen dieselben bis zur Mündigkeit der Waisen (B 81, 89).[4]

e) Erbrecht.

Eine Beerbung findet entweder ab intestato oder auf Grund eines Testamentes, Geschäft, ksseftt, statt (B 78 und folgende; D 33, 35).

Liegt kein Testament vor oder wird es nicht binnen 6 Wochen nach dem Tode besiegelt (B 79) oder ist es nichtig (B 91), so erben die natürlichen Erben. Erbberechtigt sind nur Bürger und Inwohner; Fremde sind vom Intestaterbrecht ausgeschlossen (B 82, 88). Natürliche Erben sind die Kinder, und falls Kinder nicht vorhanden oder nicht erbberechtigt sind oder alle vor der Mündigkeit sterben, der nächste Seitenverwandte, przietel (B 78, 84). Sind mehrere Kinder da, so bekommen alle gleiche Teile; etwa vorher abgeschichtete, aber nicht vollbedachte Kinder müssen, um am Erbe teilzunehmen, ihren vorausempfangenen Anteil einrechnen (B 80, 84; C 6).[5] Unter den Seitenverwandten sind die Agnaten nicht bevorzugt (B 78)[6] Sind Verwandte nicht vorhanden oder nicht erbberechtigt, so fällt ein Drittel des Nachlasses als statutarische Erbportion sowie der Hausrat an die Witwe[7] und zwei Drittel fallen an den König heim (B 78).[8] Die Witwe erbt aber auch neben den Kindern oder

---

[1] Die Grenze ist das 15. Lebensjahr bei Rößler, Rb. 106. Nach St. R. 53 ist die Grenze bei Knaben 18 Jahre, bei Mädchen 15 Jahre. Selbständige Verfügungen unter 18 Jahren sind nach St. R. 129 Abs. 8 verpönt.

[2] Porucznik (ruka, manus, munt) ist sowohl der Vormund, als der im Testament bestellte Sachwalter; so bedeutet auch poruczenstwie den letzten Willen, porucziti vermachen, B 78ff.; ferner Rößler, St. R. 54 Abs. 1; Tadra, Summa Gerhardi, Testamentsbriefe, Nr. 97ff. Die Obervormundschaft der Schöffen wird erwähnt bei Rößler, St. R. 119 Abs. 7, 146 Abs. 4.

[3] Bei Br. v. Liczko, Kap. 14 Art. 5 ist bez. der Geistlichen derselbe Grundsatz vertreten.

[4] Rößler, St. R. 103 Abs. 3. Zur Regelung der Vormundschaft nach Landrecht vgl. Hanel, Právník VIII.

[5] Der ältere teilt, der jüngere wählt, Br. v. Liczko, Kap. 27 Art. 19. Zum Erbrecht abgeteilter Kinder vgl. Čelakovský, Právo odúmrtné k statkům zpupným v Čechách, 1882, S. 16f.

[6] Nur testamentarisch können sie einen Vorrang erlangen, Br. v. Liczko, Kap. 27 Art. 18 und Kap. 64 Art. 6.

[7] Vgl. auch Rößler, St. R. 98 v. 1342, 103 v. 1373.

[8] Hievon gibt es Ausnahmen. Nach D 35 und 36 fällt das Gut in einigen Fällen, soweit nicht der Frau ihr Drittteil herausgegeben wird, nicht an den König, sondern an die Gemeinde.

4. Privatrecht.

Seitenverwandten stets ein Drittel. Die Frage wurde eben nicht ausdrücklich geregelt, wie auch vom Erbrecht der Kinder und Verwandten als etwas selbstverständlichem nicht direkt gesprochen wird. Die mit der Witwe konkurrierenden Erben erhalten demnach zwei Drittel des Nachlasses.[1] Außer ihrem Drittel erhält die Witwe stets den Hausrat (D 33, 35).[2]

Ein Testament wird normalerweise vom Ratschreiber aufgenommen und besiegelt; es genügt jedoch, wenn es von ihm besiegelt ist (B 60, 62)[3]; aber auch außerhalb der Stadt aufgenommene Testamente sind innerhalb der Stadt nicht ungültig,[4] wenn die Not (schwere Erkrankung außerhalb der Stadt) den Bürger hiezu zwang und wenn das Testament durch das Siegel des lokalen Gerichtsherrn oder seiner Schöffen beglaubigt ist (B 93). Das noch nicht formgerecht ausgefertigte Testament muß binnen 6 Wochen vom Todestage an beendigt und besiegelt sein (B 79).[5] Unsere Quelle kennt auch ein inhaltliches

---

Hiefür sind aber besondere Gründe maßgebend. Das Gut des Bürgers, der sein Bürgerrecht formlos aufgegeben hat, ist an die Gemeinde verfallen, kann daher überhaupt nicht vererben. Ist dieser Grund nicht ausschlaggebend, sondern hat der Bürger die Todesstrafe erlitten, so erben die Kinder, da die Todesstrafe an sich noch keinen Vermögensverfall bedeutet (D 35). Die Gattin eines geflohenen Wucherers erhält mit Rücksicht auf die Herkunft und den deswegen angedrohten Verfall des ganzen Vermögens bloß den Hausrat, erbt also gar nichts; das unbewegliche Gut fällt an die Gemeinde, das bewegliche an den König (D 33). Nach Rößler, St. R. 16, fällt ein Drittel an den König, ein Drittel an die Gemeinde, ein Drittel an Frau und Kinder. Mit Rößler, N. b. 107, Br. v. Liczko, Kap. 67 Art. 3, Čelakovský, Codex I Nr. 191, Heimfall des erblosen Gutes an die Gemeinde und Verteilung auf Gemeindezwecke, hat D 33, 35 und 36 keinen Zusammenhang. Eine Milderung des strengen Rechtes ist die der Gemeinde anbefohlene Gnadenübung für die Kinder in D 33, die wohl auch in D 35 und D 36 möglich ist.

[1] Nach Rößler, St. R. 60 v. 1364 sowie St. R. 103 v. 1373 gilt Drittteilsrecht, zwei Drittel fallen an Kinder oder Verwandte, ein Drittel an die überlebende Gattin; den eigentlichen Hausrat bekommt sie stets; vgl. ferner St. R. 98 v. 1342 (kommt aber nicht in allen Handschriften vor), 135 v. 1381, 136 Abs. 2. Nach Rößler, Nb. 149 Abs. 1. u. 2, 150, 151, 152, 153, 155 erben die Kinder, dann die Eltern, dann die weiteren Verwandten; die Witwe hat außer der Morgengabe (Wittum) den Beisitz und erbt nach Nb. 157 ein Dritteil. Auch nach Br. v. Liczko, Kap. 64 Art. 2 erbt die Frau ein Drittel, die dědice, d. h. die Kinder, eventuell die Seitenverwandten zwei Drittel. Nach Kap. 27 Art. 27 u. Kap. 67 Art. 2 erbt die Frau bei unbekindeter Ehe das Mannesgut und vererbt es weiter an ihre Verwandten. Stirbt die Gattin früher, so erbt der Bruder des Mannes. Betreffend den Ausschluß Fremder vom Erbrecht vgl. Tomek, Dějepis II 322. Čelakovský, Codex I Nr. 92 u. 93 von 1372.

[2] Rößler, St. R. 60. Siehe auch Schröder, Deutsche Rechtsgeschichte, 5. Aufl., S. 761.

[3] Reichere Formvorschriften bei Rößler, St. R. 61 Abs. 2, 3, 4. Von einer Anwendung des Statuts von 1426, Tomek, VIII 310, Gegenwart von zwei konšely, eventuell anderer přísežní und eines Schreibers finden wir nichts; es ist aber wohl auch unserer Quelle zu unterstellen, da an der bezüglichen Stelle eben nicht beabsichtigt ist, Testamentsrecht vorzutragen, sondern die Amtsaufgaben der Schreiber.

[4] Rößler, Nb. 108; Br. v. Liczko, Kap. 66 Art. 6, Kap. 67 Art. 3 (Schluß).

[5] Br. v. Liczko, Kap. 66 Art. 1; vgl. auch den Beschluß von 1426, Tomek, VIII 310.

Gültigkeitserfordernis, der Bürger muß auch eine Verfügung zugunsten seiner Gattin treffen (B 91). Dies ist das einzige inhaltliche Erfordernis, bei dessen Mangel das ganze Testament nichtig ist. Sonst gibt es noch eine ganze Reihe von verbotenen Verfügungen und Formvorschriften, welche namentlich bezwecken, den dauernden Übergang von Vermögen in geistliche Hände oder in die Hände von Juden zu verhindern (B 30, 87, 90, 92); bei einem Mangel in dieser Beziehung bleibt das Testament im übrigen in Kraft. Abgesehen von diesen Fällen wird wiederholt die volle Freiheit der Verfügung hervorgehoben; namentlich können auch bloße Gäste auf Grund eines Testamentes erben (B 83, 87, 88; C 7).[1]

Die Regelung der Verlassenschaft ist von dem Gedanken einer tunlichsten Beschleunigung beherrscht. Ansprüche gegen den Nachlaß und Widersprüche gegen das Testament müssen binnen 6 Wochen geltend gemacht werden (B 81). Die Schulden gehen zwar auf den Erben über,[2] aber der Gläubiger muß, wenn er die 6 Wochen verstreichen läßt, bis zur Mündigkeit der Erben warten und die Geltendmachung ist mit Rücksicht auf die erleichterte Reinigung der Erben sehr erschwert (B 81, 89). Bei rechtzeitiger Geltendmachung der Forderung wird dieselbe vom Testamentsvollstrecker, porucznik,[3] aus dem Nachlaß zuerst befriedigt und nur der reine Nachlaß gelangt zur Verteilung an die Erben (B 81; vgl. auch C 7).[4]

5. Strafrecht.

Es gibt ein zweifaches Strafrecht, zunächst ein solches polizeilichen Charakters, welches der Rat als solcher, w radie, übt; diese Straftätigkeit heißt trestati (B 35). Wie einerseits der Bürgermeister die Disziplinargewalt über die Ratmannen, Amtleute und Organe des Rates übt, so übt andererseits der Rat die Polizeigewalt über die Bürger. So wird das Halten von Spielhöhlen und Frauenhäusern (B 66), die unbefugte Anstauung des Wassers durch den Müller (B 69), die Übertretung des Nachbarrechtes (B 110), die Beschimpfung eines Bürgers durch einen anderen (B 95), der Streit der Höklerinnen und Verkäuferinnen auf dem Markt (D 28), vom Rat zumeist mit Geldstrafen belegt. Auch die Konfiskation des unbefugt verkauften fremdländischen Weines (B 125, 128) wird wohl vom Rat verfügt, endlich der Verlust des Bürgerrechtes, wenn sich jemand

---

[1] Vgl. zur Vorgeschichte hievon Juritsch, Die Deutschen und ihre Rechte in Böhmen und Mähren, 1905, S. 166f. Bezüglich dieses Vorzuges des Stadtrechtes gegenüber dem Landrecht vgl. v. Brünneck, Zeitschr. d. Savigny-Stiftung f. Rechtsgesch. XX 3f. Siehe auch Čelakovský, Codex I 87 v. 1366, I 92 u. 93 v. 1372, I 105 v. 1384. Zur Testierfreiheit auf dem Siechbett, vgl. Rößler, St. R. 84, 103; Nb. 105; Br. v. Liczko, Kap. 66 Art. 24, Kap. 67 Art. 5.

[2] Über Deliktschulden vgl. Br. v. Liczko, Kap. 1 Art. 34; nur auf die Bereicherung aus dem Delikt kann geklagt werden; vgl. ferner Rößler, Nb. 46.

[3] furmund bei Rößler, St. R. 61. Bei einem Neubürger übernimmt die Aufgabe der Rat, Rößler, St. R. 139 Abs. 4.

[4] Rößler, St. R. 54 Abs. 2, 57, 61 Abs. 2, 103 Abs. 3; Nb. 4, 5, 6, 156; Br. v. Liczko, Kap. 23 Art. 11, Kap. 27 Art. 32, Kap. 66 Art. 15.

5. Strafrecht.

seinen Pflichten gegenüber der Stadt verräterischerweise entzieht und ohne Urlaub des Rates und ohne Abfahrtsgeld die Stadt verläßt (B 85; D 36).

Anders bei dem vom Gericht, sud, gehandhabten Strafrecht; für Verurteilen wird gebraucht otsuzeni. Das Gericht verhängt teils Geldbußen, die dem Verletzten bzw. dessen Verwandten zukommen, teils öffentliche Strafen. Für letztere finden wir die technische Bezeichnung poprawa oder odprawa (B 129).

Mit Rücksicht auf das in der fehdereichen Zeit häufige Vorkommen werden Körperverletzungen einschließlich des Totschlages nur mit Geld gebüßt.[1] Ein in mittelalterlichen Quellen beliebtes Thema behandelt das Bußenverzeichnis für Lähmung, entstellende Wunden, blaue Schläge, verborgene Wunden, Abschlagen eines Gliedes, Totschlag; unter Totschlag versteht die Quelle den Fall, daß jemandem eine schwere Körperverletzung zugefügt wird und derselbe daran stirbt[2]; im letzteren Falle wird ein Wergeld gezahlt, welches für die verschiedenen Bürger- und Einwohnerklassen verschieden hoch ist (50, 10, 5 Schock Groschen), und bei einem Totschlag in Ausübung der Notwehr zu einem Spottwergeld von 3 Hellern herabsinkt (D 22, 41, 43).

Im übrigen ist das Strafensystem sehr mannigfaltig. Todesstrafe[3] ist gesetzt auf Mord,[4] Diebstahl, Notzucht,[5] Gewalttat, Verrat (D 35 und 22), auf Heimsuchung, das ist Eindringen mit blanker Waffe in ein fremdes Haus oder auf das Dach eines fremden Hauses (D 42),[6] ferner auf schwere Wucherfälle bei Juden sowie Christenwucher, wobei zur Todesstrafe mitunter Vermögenseinziehung hinzutritt (B 117; D 32, 33),[7] ferner auf Verkauf fremder

---

[1] Vgl. Rößler, St. R. 48 u. 49 (öffentliche Strafe, und zwar Todesstrafe ist nur angedroht bei Bruch eines gelobten Friedens und Ergreifung auf handhafter Tat; ist der Täter flüchtig, so muß der Friedensbürge Bußen zahlen und zwar für Tötung 50 Schock, für eine Hand, einen Fuß, ein Auge 20 Schock, für Lähmung 10 Schock, für eine „auffen wunde" 5 Schock, für einen Maulschlag 5 Schock); vgl. auch die Ausführungen Rößlers in der Einleitung, S. LXXVI ff. Tomek, Dějepis II 338. Auch bei Rößler, St. R. 71, 80, 85, 86, 87, 88, 89, 90 usw. werden Bußen erwähnt; zumeist sind es solche, die an die Stadt fallen, also richtiger Geldstrafen. Ähnliches wie bei Rößler, St. R. 48 u. 49, finden wir bei Br. v. Liczko, Kap. 20 Art. 2, 3, 31, Kap. 28.

[2] Vgl. auch Br. v. Liczko, Kap. 70 Art. 6.

[3] Vgl. auch Rößler, Nb. 33, 34, 35, 91, 191, 204; Br. v. Liczko, Kap. 26 Art. 2, Kap. 29 Art. 2. Vgl. hiezu und zu dem folgenden besonders die reiche Zusammenstellung bei Winter, Kulturní obraz II 774 ff., welche aber meist das 16. Jahrhundert betrifft; ferner die bezüglichen Partien bei Tomek, Dějepis VIII 316 ff. Vermögenseinziehung ist mit einem todeswürdigen Verbrechen an sich nicht verbunden, vgl. Rößler, Nb. 191 Abs. 3, unsere Quelle D 32, 33, 35.

[4] vgl. Rößler, St. R. 34; Br. v. Liczko, Kap. 28, 43. An letzterer Stelle wird vražda und mord unterschieden. Erstere ist die Tötung ohne Überlegung, im Zorn usw.; mord ist die Tötung mit Vorbedacht, durch Überfall, namentlich zur Beraubung.

[5] Rößler, Nb. 86 u. 88; desgleichen Entführung, Nb. 87; Br. v. Liczko, Kap. 41 Art. 1, 2, 11, Kap. 62.

[6] Der Begriff des výboj, Heimsuchung, ist erklärt bei Br. v. Liczko, Kap. 31, namentlich Art. 5; vgl. auch Kap. 35 Art. 8.

[7] Nach Rößler, St. R. 16 trifft den Christen bloß Verbannung und Vermögenseinziehung, und zwar erst im Wiederholungsfalle.

Ware statt seiner eigenen (B 112),¹ desgleichen auf das Erbrechen eines Gerichtssiegels (B 59), endlich auf schwere Amtsdelikte der Ratmannen (Gastgelage auf Kosten der Gemeinde,² Verrat eines Ratschlusses, B 20, 22). Geringere Strafen sind Ausschneiden der Zunge (bei Gotteslästerung und Meineid bei Gericht, B 48, 51),³ Abschneiden der Nase (bei Eindringen eines Deutschen in ein Landes- oder städtisches, geistliches oder weltliches Amt, A 1), Ausstechen der Augen (verbunden mit der Ausweisung aus der Stadt, beim 3. Ehebruch unter denselben Personen,⁴ B 119), Verlust der Hand⁵ (bei leichterem Diebstahl in einem Weinberg, D 22); schimpfliche Strafen, so Brandmarkung (nebst Geldstrafe nach Ermessen des Richters, beim 2. Ehebruch, B 119), Pranger (beim 1. Ehebruch, B 119), Ausstäupung (B 129), Ausstoßung aus dem Rate (bei Geschenkannahme, B 33); Austreibung aus der Stadt (beim 3. Ehebruch verbunden mit dem Augenausstechen, sonst wohl beim Steuerbetrug, B 98, 119, 129). Abbitte und Geldstrafe hat der zu leisten, wer eine Schmähung gesteht (D 31).

Als Straffolge tritt namentlich die Minderung der Ehre und daher die Unfähigkeit zum Amt des Ratmannes ein (B 6, 8, 9, 11).

Die Ehegattin, welche von dem todeswürdigen Verbrechen des Gatten weiß, macht sich mitschuldig und verliert all ihr Recht, vor allem ihr Erbrecht und ihren Hausrat (D 35).

6. Prozeßrecht.

Nicht immer tritt ein gerichtliches Verfahren ein. Wie überall, so hat auch nach unserer Quelle die Selbsthilfe einen großen Raum eingenommen. Zunächst kommt das Ausfechten eines Streites mit der Waffe in Betracht (D 42), dann vor allem die Privatpfändung wegen schuldiger Dienste (C 3), sowie wegen unbefugten Aufenthaltes in einem fremden Weinberg (D 22), wohl auch die Anhaltung eines Landmannes wegen Kostgeldes bis 5 Schock (B 100).⁶ Außer durch Selbsthilfe wurde ein Verfahren vor dem Ratsgericht oder Stadtgericht vielfach auch durch schiedsgerichtliche Auseinandersetzung vermieden; Ratmannen war die Tätigkeit als Schiedsrichter verboten (B 25).

Das Verfahren vor dem Ratsgericht, prze, war ein wohlgeordnetes. Auf die Klage, zaloba, hin wurde der Beklagte normalerweise unter Angabe des Grundes vorgeladen (B 94) ⁷ Verhandlungen fanden nur am Morgen statt (B 21); daher die Bezeichnung Morgensprache.⁸ Die Verhandlung ist mündlich (B 23); ferner gilt der Grundsatz der Unmittelbarkeit (B 27); ein Fortschritt im Sinne der freien Beweiswürdigung ist wohl die Möglichkeit der Gewährung der

---

[1] Als besonders strafwürdig erscheint dies mit Rücksicht auf die dem früheren Eigentümer nachteiligen Folgen des Marktkaufes.
[2] Vgl. hiezu auch das Verbot bei Rößler, St. R. 110 Abs. 2.
[3] Vgl. auch Br. v. Liczko, Kap. 20 Art. 39.
[4] Zum Begriff des Ehebruchs vgl. Br. v. Liczko, Kap. 20 Art. 9.
[5] Vgl. auch z. B. Br. v. Liczko, Kap. 29 Art. 3; Rößler, Rb. 180.
[6] Vgl. auch Zycha, Prag 147f. Kapras, Pfandrecht, S. 24.
[7] Die przateli von B 94 sind wohl als Eidhelfer aufzufassen.
[8] Bezüglich des Ausdrucks Morgensprache vgl. Rößler, St. R. 42.

6. Prozeßrecht.

Gnade (B 29)[1]; ein ausgesprochenes Urteil ist unwiderruflich, und ein Rechtszug ist nur an den König möglich (B 29).[2]

Im polizeilichen Strafverfahren war der Rat von amtswegen tätig. Über die Einzelheiten desselben erfahren wir nichts.

Was das Verfahren vor Gericht betrifft, so wird unterschieden die Klage um Geld und die peinliche Klage (B 76, 96, 97). Unter den peinlichen Klagen nimmt eine Ausnahmestellung ein die Klage auf Grund handhafter Tat; da findet eine Überweisung des Beklagten mit den Schreimannen statt.[3] Sonst ist sowohl bei bürgerlichen als auch bei peinlichen Klagen dem Beklagten stets die Reinigung möglich (B 76, 96; C 1)[4]; nur bei höheren Schulden (über 25 Schock) und bei peinlichen Klagen ist eine Überführung des Beklagten mit einem Ratmannenzeugnis zulässig (B 76, 96).[5] Anders steht es mit dem Genanntenzeugnis; nicht die Schuld oder Nichtschuld wird bezeugt, sondern bloß Tatsachen; denn es heißt nicht przeswiedczyć, sondern bloß swiedczyć, und Einreden sind möglich. Das Genanntenzeugnis muß von beiden Parteien angerufen sein und wird nur bei kleinen Schulden zugelassen (B 97).

Außer dem Parteieid (Eineid B 89, 98, Eid mit Eidhelfern B 97) und der Zeugenaussage (B 76, 96, 97; C 1),[6] kennt die Quelle noch den Beweis mittels Urkunden (B 110, 117).[7] Begünstigt ist der bekennende Beklagte bei der Schmähung (D 31).

Nach dem Urteil hat der Schuldner eine Frist von 3 Tagen zur Urteilserfüllung (B 45)[8]. Erst wenn diese Frist fruchtlos verstreicht, kann der Richter zur

---

[1] Die Gnadenübung, milost, in B 29 und D 33, welche im letzteren Artikel der Gemeinde direkt anbefohlen ist, sowie D 36, ist der Weg, auf dem das strenge alte Recht zeitgemäß gemildert wird. Zum Richten nach Gnade vgl. auch v. Schwerin, Deutsche Rechtsgeschichte 132; Konrad Beyerle, Von der Gnade im Deutschen Recht, Göttingen 1910, S. 15.

[2] Der Rechtszug an den König findet sich auch bei Nößler, St. R. 81; vgl. Tomek VIII 322, der aber zwischen den verschiedenen Arten der Gerichte nicht unterscheidet.

[3] Außer der handhaften Tat findet bei späterer Ergreifung flüchtiger Verbrecher Übersiebnung statt, Nößler, St. R. 34, Nb. 83 (Übersiebnung ergriffener Brandleger), ebenso Br. v. Liczko, Kap. 2 Art. 9.

[4] Br. v. Liczko, Kap. 1 Art. 2, 4; Kap. 7 Art. 5, 9; Kap. 25 Art. 11; Kap. 28 Art. 2; Kap. 34 Art. 2; Kap. 68 Art. 11 u. 16; Nößler, St. R. 82, 115.

[5] Für peinliche Klagen vgl. Nößler, St. R. 34, 41; eine weitere Ausnahme betrifft die Unterkäufel, vgl. Nößler, St. R. 69. Dasselbe ist wohl die Überzeugung bei gelobtem Frieden, Nößler, Nb. 199.

[6] Die Eidesleistung erfolgt stets in sehr strengen Formen, vgl. Br. v. Liczko, Kap. 35. Erleichterungen bestehen für ältere Ratmannen, Kap. 33 Art. 4, sowie für das Zeugnis der Ratmannen, Kap. 36 Art. 2; Besonderheiten gibt es für den Judeneid, Kap. 34 Art. 5. Eine besonders strenge Eidesform ist in unserer Quelle Art. B 98.

[7] Vgl. auch Nößler, St. R. 68, Nb. 1.

[8] Ebenso Nößler, Nb. 26. Nach St. R. 79 beträgt die Frist im Falle eines Bekenntnisses gegenüber einem Gast 14 Tage; desgleichen für Zahlung einer Buße, N. b. 52. Drei Tage ist auch der Zahlungstermin bei der Losung (Bern), St. R. 104, wenn nicht eine Verlängerung ausdrücklich von den Losungern bewilligt wird, St. R. 110 Abs. 3. Nach Br. v. Liczko, Kap. 20 Art. 1 und 43 beträgt die Zahlungsfrist für eine Geldstrafe höchstens 14 Tage.

Pfändung schreiten. Im Verwertungsverfahren wird zwischen dem Pfand für eine Schuldsumme einerseits, jenem für Steuern und Zins andererseits unterschieden. Im ersteren Fall findet eine Aufbietung des Pfandes in 4 Gerichtsterminen, immer über 14 Tage, statt und dann erst der Verkauf; im letzteren Fall findet ohne Aufbietung gleich nach 3 Tagen der Verkauf statt (B 49, 52, 54).[1] Von der Zwangsvollstreckung in liegendes Gut, zwod (insatz, anleite), erfahren wir nur ganz vorübergehend (D 23).[2] Gegen unvermögende Schuldner kennt unsere Quelle noch das indirekte Zwangsmittel der Schuldhaft; nach erfolgloser Pfändung wird der Schuldner durch 3 Tage in der Vorhaft im städtischen Gefängnis gehalten und dann dem Gläubiger in die Privathaft übergeben, welche genau geregelt ist (B 130; C 3).[3]

Die Vollziehung eines Strafurteils im Hochgericht des Bürgermeisters, poprawa, darf nur auf Grund des Vollzugsauftrags des Bürgermeisters geschehen (B 36).[4] Die Hilfsmittel beizustellen sowie die Exekution zu vollziehen hat jedoch der Richter unter Mithilfe des birzicz, des Büttels, sowie auch des kat, des Henkers (B 47, 129; D 4). Im Niedergericht vollzieht der Richter mit dem Büttel die Urteile (B 49, 52).[5] Im Ratsgericht vollzieht die Urteile der podrichtarz (B 53).

Im Urteil wird auch über die privatrechtlichen Ansprüche erkannt; dieselben werden vom Richter befriedigt (B 50; D 30, 35).[6]

Außer der Pfändung auf Grund Urteils kennt die Quelle, analog der privaten Anhaltung eines Landmanns wegen Kostgeld (B 100),[7] die gerichtliche Anhaltung eines Gastes auf Begehren eines anderen Gastes wegen jeder Geldschuld (B 56).

Wie überall nimmt auch das Ediktalverfahren, wiwolani, einen breiten Raum ein. Es findet Anwendung bei der Übertragung des Eigentums an Grund und Boden, Häusern und Weinbergen (B 73, 77; D 44),[8] sowie bei der Auswanderung eines Bürgers (B 85; C 5)[9]; in beiden Fällen dauert das Ver-

---

[1] Binnen Jahr und Tag muß aber das Exekutionsverfahren beendet sein, Rößler, St. R. 133 Abs. 8 v. 1380. Den Verkauf nimmt der Gläubiger mit Einwilligung des Gerichtes vor, Br. v. Liczko, Kap. 21 Art. 11, vgl. auch Kap. 49 Art. 9. Siehe auch Kapras, Pfandrecht, S. 14 f.

[2] Vgl. die eingehende Regelung der Exekution bei Rößler, St. R. 119. Zuerst fahrende Habe, Abs. 5, dann Fronung, Abs. 2—4; ferner Nb. 13; zur Einführung, zvod, im Landrecht vgl. auch Kapras, Zeitschr. f. vergl. Rechtsw., 17. Bd. S. 442ff.

[3] Im 14. Jahrhundert, 1359, war der Schuldner noch bedeutend schlechter gestellt, Rößler, St. R. 68, 78, 133 Abs. 2, 145 Abs. 2. Tomek, II 336.

[4] Vgl. Čelakovský, Codex I 99 v. 1381 (officium iusticiariae sive poprawe districtus Pragensis), I 100 v. 1381, I 117 v. 1400, I 121 v. 1405.

[5] Vgl. auch Tomek, VIII 322.

[6] Vgl. auch Br. v. Liczko, Kap. 25 Art. 1, Rößler, Nb. 191 Abs. 5.

[7] Vgl. auch Rößler, St. R. 137 Abs. 4.

[8] Bei der Fronung ebenso, vgl. Rößler, St. R. 119 Abs. 2.

[9] Vgl. Rößler, St. R. 99 u. 111; hier dauert es nur dreimal 14 Tage; vgl. auch Tadra, Summa Gerhardi, Nr. 180 (ad trinam in ipso iudicio divulgatione de huiusmodi

fahren, das Ausrufen in 4 Gerichten,¹ durch Jahr und Tag. Kürzer ist das bereits erwähnte Verfahren zur Befriedigung aus einem gepfändeten Gute; zwischen dem jedesmaligen Ausruf sind 2 Wochen, so daß das Verfahren 6 Wochen währt (B 49). Ein Ediktalverfahren findet wohl auch statt bei der Verlassenschaftsabhandlung zur Anmeldung der Forderungen gegen die Verlassenschaft binnen 6 Wochen vom Tode des Erblassers (B 81; vgl. auch C 7).

7. Rechtsstellung der Deutschen.

Die allgemeine Richtung der die Deutschen betreffenden Artikel geht dahin, dieselben von jedem entscheidenden Einfluß auf das öffentliche Leben in der Stadt fernzuhalten.

Fremdländische Deutsche, welche nach Prag kommen, sollen hier bloß den Charakter von Gästen haben. Ihre Eindrängung in irgend ein Amt, ein geistliches oder weltliches, ein Landes- oder städtisches Amt, ist mit der peinlichen Strafe des Nasenabschneidens bedroht (A 1).[2]

Die Deutschen dürfen im Brennpunkt des bürgerlichen Lebens, auf dem Ring, kein Haus kaufen, sondern nur im Kirchspiel bei St. Benedikt; dort ist die osada niemecka (B 75).[3] Sie besitzen das Bürgerrecht, können auch Vollbürger werden und als solche in den Gemeinderat der prziseny gelangen. Von den Funktionen der Amtleute, dem Steuereinheben und vom Richteramt sind sie ausgeschlossen (B 74). Zum Ratmannen- und Bürgermeisteramt sind nur diejenigen zugelassen, welche tschechisch können (B 1, 3)[4]; von den 18 Ratmannen soll der dritte Teil aus Deutschen bestehen (B 3).[5]

---

vendicione per tres quindenas sibi continue succedentes factam nullo comparente, qui ipsam vendicionem in aliquo inpugnaret).

[1] Das Ausrufen von vier Gerichten — ein viertes Ding „obir recht" — ist magdeburgisches Recht; es kommt auch im ordo iudicii terrae vor bei Ungehorsam des Beklagten, Werunsky, Zeitschr. d. Savigny-Stiftung f. Rechtsgesch. 10, S. 122; Planck, Deutsches Gerichtsverfahren I 351.

[2] Über ihren Ausschluß von Landesbeamtenstellen seit dem 14. Jahrhundert, von Beamtenstellen überhaupt im 15. Jahrhundert (1436) vgl. Kalousek, České státní právo 140; Winter, Kulturní obraz I 138, 140; Čelakovský, Povšechné dějiny, S. 106, 119 ff.; Kapras, Právní dějiny, II 146 f., 215, 346, 457 f. Archiv český VI S. 450. Im 15. Jahrhundert spielt neben dem nationalen Moment namentlich das verschiedene Glaubensbekenntnis eine wichtige Rolle.

[3] Gemeint ist wohl die ursprüngliche Gemeinde der Deutschen am Pořitsch vor dem St. Benedikt-Tore, oder wenigstens die dortige Gegend; Tomek, I 1892, S. 225 u. 233, VIII 417; Geschichte d. St. Prag, Prag 1856, S. 243 u. 247; Tabra, Summa Gerhardi, Wien 1882 Nr. 134.

[4] Vgl. auch Majestas Carolina, Kap. 19; Kapras, a. a. O., II 151; Winter, Kulturní obraz I 139 f.

[5] Nach dem Dekret König Wenzels IV. noch die Hälfte; Rößler, Altprager Stadtrecht, S. XLVII Anm. 1; Kapras, a. a. O. II 151.

III. Die Handschriften.

Die sogenannten Sobieslawschen Rechte sind in einer großen Zahl von Handschriften auf uns gekommen; fast in keiner Rechtsaufzeichnung aus dem 15. Jahrhundert oder dem Anfang des 16. Jahrhunderts wurden sie übersehen. Wie die andere Rechtsliteratur auf stadtrechtlichem Gebiet wurden sie erst durch das Stadtrecht des Brictius v. Liczko von etwa 1536, und jenes des Kolbin von 1579 in den Hintergrund gedrängt und als vergangenes Recht in den Aufzeichnungen nunmehr weggelassen. Die mir erreichbar gewesenen Handschriften[1] sind folgende:

1. Die älteste ist Cod. 3454 der Wiener Hofbibliothek; in dieser Ausgabe ist sie mit W bezeichnet. Unsere Quelle wird auf Blatt 140 Seite 2 eingeleitet mit den Worten: Poczinagy rzadowe praw miesta Prazskeho, kterak sie purgmistr y s konsiely magy w swem vrzadie miety y take mnoho kusow praw vzitecznich. Am Schluß, Blatt 151 Seite 1, ist als Tag der Beendigung der Niederschrift angegeben der Mittwoch vor dem hl. Georg des Jahres 1447. Die Schlußklausel lautet: Skonaly gsu sse rzadowe a prawa prazsska w strzedu przed sswatim Girziem letha ot narozenie ssina bozieho tissieczieho sstirzsteho sstirzidczateho.... Die Schrift trägt einen schmucklosen Charakter. Die Handschrift ist, wenn wir von F 2 absehen, die kürzeste, sie enthält bloß die in der Ausgabe unter A und B aufgenommenen Artikel, im ganzen 136.[2]

2. Zeitlich zunächst steht die Handschrift des Brictius von Kaplicz im Klattauer städtischen Archiv, in unserer Ausgabe bezeichnet mit Kl. Ich habe sie nur indirekt durch Einsicht in die im Prager städtischen Archiv befindliche Abschrift benützen können. Die Handschrift ist datiert. Am Titelblatt steht: Codex hic scriptus est sub rege Bohemiae Georgio Podiebradio atque nominato utraquistarum archiepiscopo Joanne de Rokitzana. Weiters findet sich eine genaue Zeitangabe auf Blatt 53 und 296; darnach fällt die Aufzeichnung unserer Quelle ins Jahr 1465. Unsere Quelle wird auf Blatt 114 Seite 1 unten eingeleitet mit den Worten: Tito kusové vybráni sú z listuov a z práv městekých, kterýmižto

---

[1] Verzeichnisse der Handschriften: Rößler, Deutsche Rechtsdenkmäler aus Böhmen und Mähren 1845; Hanka, Rozbor staročeské literatury, Prag 1842, IV; Erben im Výbor z literatury české, Prag 1868 usw. Kapras, Pfandrecht, bezeichnet unsere Quelle als právo staropražské und benützt eine Tetschner und eine Taborer Handschrift. Die Wyschehrader Handschrift konnte trotz eifrigen Suchens nicht mehr aufgefunden werden. Bei der Ausgabe wurde die 4., die 5. und die 14. Handschrift zum erstenmal verwertet.

[2] Bereits diese älteste erhaltene Handschrift enthält zwei Artikel, welche in der ersten Niederschrift wohl nicht gestanden haben. Artikel B 129 und 130 sind bereits Zusätze, wie sich aus der geänderten Stellung dieser Artikel in Kl, F 1, PU 1, M 1, M 2, sowie dem Fehlen in F 2, der dem ursprünglichen Text am nächsten kommenden Handschrift, ergibt.

III. Die Handschriften.

listy a právy městkými kniežata a králové darovali veliké město Pražské, totižto milostmi a svobodami ote všech obtieženy nade všecka jiná města. Najprve tako znamenaj pilně. Die Quelle reicht bis Blatt 125, Seite 2. Angehängt ist noch König Wenzels IV. Mautordnung für die Kleinseite und Karls IV. Weinbergsordnungen von 1358. Es ist dies die älteste Handschrift mit längerem Text, ja es sind hier fünf Artikel, die sonst nicht wiederkehren, im ganzen sind es 187 Artikel, von denen 182 in unserer Ausgabe aufgenommen sind. Sie ist deshalb von größter Bedeutung für die Einschätzung der anderen Handschriften.[1]

3. Wieder zwei Jahrzehnte jünger ist eine Wittingauer Handschrift, B 3, hier bezeichnet mit Wi 1. Unsere Quelle beginnt auf Blatt 359 mit: Poczinagi sie prawa a rzadowe stareho miesta Prazskeho tuto popsana. Der Eintrag des Stadtrechts schließt auf Blatt 385 mit den Worten: Leta od narozenie syna Bozieho tysyczieho cztyrzysteho osmdesateho ssesteho dokonany gsu tyto knieby tu sobotu przed slawnym hodem ducha swateho, also 1486. Den 136 Artikeln der Wiener Handschrift, mit der sie im übrigen so ziemlich übereinstimmt, sind hier bereits die 13 Artikel (D 8 bis 21), betreffend die Zechenbanner, angehängt, so daß Wi 1 aus 149 Artikeln besteht.[2] Am Schluß wird zum folgenden Eintrag des Buches, auch Prager Stadtrecht, hinübergeleitet mit folgenden Worten: Opiet gyna gsu tuto prawa miesta stareho Prazskeho.[3]

4. Eine andere Erweiterung enthält eine zweite Wittingauer Handschrift, A 7; hier wird sie bezeichnet mit Wi 2. Sie stammt aus der Zeit König Wladislaws Unsere Quelle füllt Blatt 38 bis 50. Das Inhaltsverzeichnis am vorderen Einband des Buches zeigt sie folgendermaßen an: Sobieslai ducis wissegradensis jura ponuntur, quem ortum habuerunt in regno. Die Handschrift unterscheidet sich insofern von den übrigen, als die sie sonst begleitenden Eintragungen rechtlichen Inhalts fehlen; sie enthält von Blatt 51 an lediglich Dinge, welche Klosterleute interessieren. Nebst den 136 Artikeln der Wiener Handschrift finden wir hier noch zwei Artikel betreffend Kleiderordnungen (D 3 und 4).[4] Am Schluß steht einfach: Toho gest konecz.

5. Im folgenden sind zunächst zwei Fürstenberger Handschriften in Pürglitz in Böhmen zu erwähnen. Zunächst jene, Pürglitz I b 3, bei uns bezeichnet mit F 1. Sie ist älter als die Wittingauer Handschriften. Am Schluß (Blatt 223)

---

[1] Auf A 1 bis 6 folgt B 1 bis 128 — eingeschoben ist B 129 u. 130 nach B 49, D 3 u. 4 nach B 117, D 5 u. 6 nach B 120 —; hierauf kommt D 7 bis 44 — eingeschoben ist C 4 bis 7 nach D 40, C 1 bis 3 nach D 44, es fehlen D 27, 28, 36 wohl aus Schreibversehen —; dann folgen die 5 hier nicht abgedruckten Artikel, dann die Mautordnung und die Weinbergsordnungen. Stellenweise findet sich bereits hier eine andere Reihenfolge der Artikel; so steht B 62 vor B 61, B 112 vor B 111, B 119 vor B 118, D 15 vor D 14, D 42 vor D 41.

[2] Eine sonst in keiner Handschrift wiederkehrende Besonderheit ist die Voranstellung von B 9 vor B 8.

[3] Das Verhältnis unserer Quelle zu dieser letzteren Aufzeichnung konnte ich bei der Kürze meines Wittingauer Aufenthaltes nicht mehr feststellen.

[4] Sie stehen hinter dem Artikel B 117 und dürften bereits in dem ursprünglichen Text gestanden haben, da sie nur in W, Wi 1 und PA fehlen. Artikel B 119 steht hier vor B 118.

steht: Et sic est finis feria sexta ante Sophie sub anno domini Millesimo CCCCLXXIII (1473). Unsere Quelle wird auf Blatt 204 eingeleitet mit den Worten: Poczinagi sie prawa Miesta Prazskeho a nayprw o Niemczych aby z nich vrzednikuow w Czechach nedielali. Nach unserer Quelle folgt auf Blatt 210 dieselbe Zollordnung König Wenzels und die Weinbergordnungen Karls IV., welche wir in der Klattauer Handschrift angehängt finden. Die Artikel über die Zunftbanner (D 8 bis 21) und die Kleiderordnungen (D 3 und 4) also beide Zusätze von Wi 1 und Wi 2, finden wir hier vor. Es sind also 152 Artikel.[1]

6. Jünger ist die andere Fürstenberger Handschrift, Pürglitz, I d 13, Blatt 13 bis 22, bei uns F 2. Auch diese ist datiert. Auf dem Titelblatt steht in einer nicht sehr fein ausgeführten, aber geschickten Zeichnung: Per me Wenceslaum de Semechow anno MDVII. Auf Blatt 22 wird unsere Quelle geschlossen mit den Worten: Finiuntur feria sexta ante Palmarum anno MDI. Letztere ist wohl die richtige Datierung, da das Titelblatt erst später zugefügt zu sein scheint. Eingeleitet wird die Quelle einfach mit Prawa Prazska. Sie scheint aus einer Quelle geschöpft zu haben, welche noch älter ist als die Wiener Handschrift; die beiden letzten Artikel der letzteren (B 129 und 130) fehlen hier gänzlich. Das Fehlen einiger Artikel am Anfang (B 1 bis B 9 und B 12) beruht lediglich auf einem Schreiberversehen. Wegen dieses Versehens hat diese Handschrift bloß 126 Artikel. Angehängt ist eine Gruppe von Artikeln, welche als Krämerstatuten bezeichnet sind; in unserer Ausgabe sind sie nicht aufgenommen.[2] In derselben Handschrift finden sich, allerdings in etwas anderer, wahrscheinlich älterer Form und vollständig getrennt von unserer Quelle, nämlich auf Blatt 188, die Artikel über die Zunftbanner (D 8 bis 21), eingeleitet mit: Znamenay o koruhwech, kere magi naprzed giti.

7. Mit F 1 stimmen nur zwei Handschriften, sowohl in der Zahl der Artikel — abgesehen von einigen durch Schreiberversehen veranlaßten Weglassungen (in PU 1 fehlen Art. B 5, 6, 8) und einem Zusatz (in M 1 nach Art. 44) — als auch in den Wortformen und sonstigen Varianten fast vollständig überein. Es ist dies zunächst eine Handschrift der Prager Universitätsbibliothek, XVII F 49, bei uns PU 1, Blatt 158 bis zum Schluß des Buches, Blatt 166. Sie gehört nach einer Datierung, deren Reste noch zu sehen sind, noch ins 15. Jahrhundert. Unsere Quelle trägt keine Überschrift; am Schluß steht: A tak gest konecz, bud Buoh pochwalen. Mit Rücksicht auf die erwähnten Weglassungen enthält sie nur 149 Artikel.[3]

---

[1] B 129 u. B 130 sind hier nach B 49 eingeschoben. D 3 u. D 4 stehen nach B 118; D 8 bis D 21 stehen nach B 126. Umstellungen sind folgende: B 62 steht vor B 61, B 112 vor B 111, D 16 vor D 10, D 15 vor D 14.

[2] D 3 u. 4 steht nach B 118. Der Schreiber bemüht sich augenscheinlich, durch mehrere Umstellungen von Artikeln den Stoff systematischer darzubieten. Aber die sonst üblichen Umstellungen, B 61 u. 62, B 111 u. 112, B 118 u. 119, finden sich hier nicht; hier bildet diese Handschrift mit W, Wi 1 u. Wi 2 eine Gruppe.

[3] B 129 u. 130 sind nach B 49 eingeschoben, D 3 u. 4 nach B 117. Umstellungen sind folgende: B 13 steht vor B 12; B 62 vor B 61, B 112 vor B 111, B 119 vor B 118; D 15 vor D 14.

III. Die Handschriften.

8. Die andere Handschrift, die hieher gehört, befindet sich im Museum des Königreiches Böhmen in Prag, II D 3, bei uns M 1. Auf Blatt 29 wird unsere Quelle eingeleitet mit den Worten: Sequuntur quedam statuta civium civitatis Pragensis; auf Blatt 36 schließt sie mit den Worten: A tuto gest konecz tiech wssech wieczy, bud Bohu chwala czest. Verschiedene Bemerkungen verweisen den Codex nach der Stadt Nimburg. Der bereits erwähnte Randzusatz nach Artikel 44 lautet: Item žadny Conssel nema stranam radditi ani ktereho prziistupu do raddy cziniti wedle nich pod swu przisahn, neb skrze to dal by sye w podezrzenie. Diese Handschrift enthält abgesehen von diesem Randzusatz 152 Artikel.[1]

9. Eine Art Übergang von diesen Handschriften mit kürzerem Text zu einer Reihe mit erweitertem Text bildet die Museumshandschrift V E 43, bei uns M 2. Sie ist sehr flüchtig geschrieben und hat daher sehr viele an den Rand gesetzte Artikel, welche übersehen worden waren und erst bei der Revision zugesetzt wurden. Einige jüngere Einträge weisen in die Zeit von 1558 und 1561. Der ältere Teil weist aber in frühere Zeit. Der Anlaß zur Niederschrift dürfte in Streitigkeiten zwischen den Städten einerseits und Herren und Rittern andererseits in den Jahren 1502 und 1503 zu suchen sein, in welchem Streit unsere Quelle mit eine Rolle spielen sollte. Gleich am Eingang der Handschrift finden wir sie, eingeleitet mit den Worten: Tito kusowee wybrani su z listuow a z praw miestskych kterymuzto listy a prawy miestskymi kniežata a kralowee darowali welikee miesto Prazskee i milostmi a swobodami ode wssech obtieženi nade wsseczka ginaa miesta. Sie enthält 182 Artikel; nämlich A 1 bis 6, B 1 bis 82, 84 bis 100, 103 bis 106, 108 bis 123, 125 bis 130, C 1 bis 7, D 3 bis 27, 29 bis 44.[2]

10. Letzterer Handschrift reiht sich zeitlich an jene des Prager städtischen Archivs Nr. 993, liber vetustissimus privilegiorum,[3] bei uns bezeichnet mit P A. Im Gegensatz zu K l und M 2 finden sich hier die Artikel C 1 bis 7 zuerst

---

[1] B 129 u. 130 steht hinter B 49; D 3 u. 4 steht hinter B 117. Auch hier finden sich Umstellungen: B 62 steht vor B 61, B 112 vor B 111, B 119 vor B 118, D 15 vor D 14.

[2] Die Artikel folgen gar nicht in der sonst üblichen Weise aufeinander. Die Darstellung der Reihenfolge hätte aber weder für die Beurteilung dieser Handschrift, noch für die Erklärung des Rechtsinhalts eine Bedeutung.

[3] Bei den meisten Autoren, auch bei Tomek und Čelakovský, Soupis rukopisů chovaných v archivu král. hl. města Prahy I Prag 1907, S. 41 f., wird bemerkt, daß das Rechtsbuch bereits in der zweiten Hälfte des 15. Jahrhunderts in den liber vetustissimus privilegiorum, statutorum et decretorum veteris urbis Pragensis des Prager städtischen Archivs eingetragen wurde. Zwar steht unsere Quelle zwischen Einträgen von 1528 und 1535, aber letztere sind offenbar erst nachträglich niedergeschrieben; auch D 45 von 1540 ist nach den Schriftzügen erst nachträglich zugefügt. Die Sobieslawschen Rechte dürften von derselben Hand eingetragen worden sein, welche auch die Einträge von 1489 bis 1499 Seite 232—237, besorgte. Dies weist auf die Jahrhundertwende hin, also eine Zeit, zu welcher mit Rücksicht auf die damalige Regelung der Landesverfassung unsere Quelle erneute Bedeutung bekam; sie wurde daher in besonders feierlicher Weise eingetragen und die Abschnitte A und C vorangesetzt.

als Zusätze zu den eigentlichen Sobieslawschen Rechten eingetragen, und zwar C 1 bis 3 hinter A 5, und C 4 bis 7 hinter A 6. Die Artikel B 101, B 102, D 3, D 4 fehlen hier, aber neu sind die Artikel D 1 und D 2, und zwar hinter B 38 und B 40, sowie hinter B 59 der Nachtrag von 1540 (bei uns D 45); demnach enthält unsere Quelle in dieser Handschrift 184 Artikel.[1] Der Eintrag, welcher Blatt 243 bis 261 füllt, hat hier dieselbe Überschrift wie in M 2: Tyto knyehy wybrany gsu z listow a z praw welikeho miesta Pražského, kterymiž listy a prawy knyezata a kralowe darowali teez miesto Pražskee, totizto milostmi a swobodami ode wssech obtyeženy nade wsseczka gina miesta.

11. bis 13. Eine besondere Gruppe bilden zwei Handschriften des kgl. böhm. Landesmuseums, I F 23 und II E 40, sowie eine der Prager Universitätsbibliothek, XVII C 22; hier führen dieselben die Bezeichnungen M 3, M 4 und PU 2. Sie haben denselben reichen Inhalt wie Kl, M 2 und PA[2] — abgesehen davon, daß D 25 in PU 2 fehlt, und B 129 und 130 in M 3 zweimal vorkommt, sowohl hinter B 58, als auch hinter B 128 (Nachtrag am Rand) —, und stimmen untereinander fast vollkommen überein, namentlich darin, daß die 13 überwiegend staatsrechtlichen Artikel, die in PA voranstehen (A 1 bis 5, C 1 bis 3, A 6, C 4 bis 7), hier an den Schluß gesetzt sind. Diese Handschriften dürften, wie nach den anderen Einträgen zu schließen ist, erst ins 16. Jahrhundert zu setzen sein. In M 3 hat unsere Quelle 189 Artikel (Blatt 55 bis 68), in M 4 dagegen 187 Artikel (Blatt 181 bis 195), in PU 2 endlich 186 Artikel (Blatt 108 bis 116).

14. Ein Stück unserer Quelle, und zwar der Abschnitt A, ferner B 1 bis 79[3] findet sich in der Handschrift DB II 10 des Stiftes Strahow in Prag; die Eintragung erfolgte wahrscheinlich 1535. Bemerkt sei, daß der Abschnitt B nicht auf König Johann, sondern auf Kaiser Karl zurückgeführt wird.

15. Endlich wäre noch eine Handschrift der fürstlich Lobkowitzschen Bibliothek in Prag-Kleinseite zu erwähnen. Sie stammt aus der Bibliothek des bekannten Thomas Putzlacher. Sie schließt sich ganz der Handschrift der Universitätsbibliothek in Prag PU 1 an, sowohl in der Reihenfolge der Artikel, als auch in den Varianten, es fehlen aber die Artikel B 127, 128 und D 8 bis 21, so daß diese Aufzeichnung nur 133 Artikel hat. In der Überschrift wird unsere Quelle auf Blatt 143 genannt: jura Sobieslai ducis; am Schluß steht auf Blatt 161: finis legum Sobieslai ducis.

---

[1] Zu dem im Text Erwähnten wäre noch folgendes zu beachten: Nach B 120 folgt D 5 und 6; nach B 128 folgt D 7 bis 21; dann folgt B 129 u. 130, endlich D 22 bis 44. Folgende Umstellungen finden sich: B 26 steht vor B 25, B 71 vor B 70, B 92 vor B 91.

[2] B 101, B 102, D 3 und D 4 (letztere zwei hinter B 117), sind hier vorhanden. D 1 folgt nach B 38, D 2 nach B 40. Nach B 120 folgt D 5 und 6; nach B 128 folgt D 7 bis 21 (in PU 2 in einer anderen Aufeinanderfolge als sonst); dann folgt B 129 u. 130, endlich D 22 bis 44. In allen drei Handschriften sind folgende Umstellungen: B 119 vor B 118, D 15 vor D 14, D 42 vor D 41; in PU 2 steht B 47 erst hinter B 50.

[3] B 17 fehlt. An einer späteren Stelle der Handschrift sind noch einige Artikel unserer Quelle eingetragen. Der Text zeigt Verwandtschaft mit Wi 2.

IV. Ausgabe.

Bisher wurde der größte Teil unserer Quelle bereits einmal veröffentlicht, und zwar im Výbor z literatury české, 2. Teil vom Anfang des 15. bis zum Schluß des 16. Jahrhunderts, von Karl Jaromir Erben, Prag 1868, S. 315 ff. unter der Überschrift: Práva starého města Pražského. Zugrunde gelegt wurde hiebei die Handschrift des städtischen Archivs zu Prag, liber vetustissimus privilegiorum 242—262; es fehlen aber die ersten 13 Artikel (Artikel A und C) und jener von 1540 (D 45). Es gibt jedoch, wie erwähnt, eine Reihe älterer Handschriften, die uns über die vermutliche ursprüngliche Textgestalt manchen Aufschluß gewähren.

Für die Wiederherstellung des ältesten Textes kommen außer W noch Kl und F 2 in Betracht. Ein kürzerer Text ist darnach dargestellt durch folgende Artikel: A 1 bis 6, B 1 bis 118, D 3 und 4, B 119 bis 126. Neben dieser kürzeren, in den verschiedenen Abschriften durch einige Zusätze (B 127 und 128, B 129 und 130 zumeist hinter B 48, D 8 bis 21)[1] vermehrten Redaktion lief eine längere einher, deren älteste Gestalt in Kl vorliegt. Die Einschiebsel und Anhänge dieser Handschriftengruppe sind: B 127 und 128, B 129 und 130 (hinter B 48), C 1 bis 7, D 5 und 6 (hinter B 120), D 7 (hinter B 128), D 8 bis 21, D 22 bis 44, endlich D 45 (bloß in PA)[2]. Von besonderer Bedeutung ist die Einordnung der Artikel C 1 bis 7. In zwei Handschriften dieser Gruppe aus dem 15. Jahrhundert, Kl und M 2, sind dieselben in die Zusätze zum Stadtrecht der Altstadt eingeschaltet, und zwar in Kl steht C 4 bis 7 hinter D 40, C 1 bis 3 hinter D 44. Dadurch tritt der kürzere Text des wichtigsten Abschnittes A 1 bis 6 als der ältere rein hervor; die Einschaltung von C 1 bis 3 hinter A 5 und von C 4 bis 7 hinter A 6 ist erst eine Neuerung von PA und wurde dann auch in die Handschriftengruppe M 3, M 4, PU 2 aus dem 16. Jahrhundert übernommen.[3]

Aus dieser Aufstellung ergibt sich, daß weder W noch Kl noch F 2 als die Uraufzeichnung oder als eine vollständig getreue Wiedergabe derselben anzusehen ist, alle vielmehr auf eine ältere Niederschrift, welche — abgesehen von D 1, D 2 und D 45 — wahrscheinlich den gesamten hier abgedruckten Text

---

[1] In F 2 findet sich ein Anhang von 7 Artikeln, der in keiner anderen Handschrift steht; er enthält Krämerstatuten und bietet juristisch kein erhebliches Interesse. Bemerkenswert ist, daß für Übertretung der Statuten, ffaless = Fälschung, die poprawa k kuozi a k wlasuom, die Strafe an Haut und Haar (to gest vssy obrzezati a ssilink dati, also Abschneiden der Ohren und Zahlung eines Schilling) sowie „Rechtlosigkeit", d. h. Verlust bezw. Minderung des Krämerrechtes gesetzt ist.

[2] In Kl sind noch 5 Artikel arrest- und schuldrechtlichen Inhalts angehängt; sie stammen aus dem Rosenberger Rechtsbuch, Artikel 231 bis 236, Archiv český I S. 478.

[3] Lediglich in dieser Handschriftengruppe (PA, M 3, M 4, PU 2) finden sich die Artikel D 1 und D 2, welche sich ebenfalls als eine Neuerung von PA darstellen.

enthielt, zurückgehen und dieselbe mit gewissen Veränderungen wiedergeben. Vom Verfasser wurde außer einer Überarbeitung der Ratsstatuten, der práva konšelská (B 1 bis 118, D 3 und 4, B 119 bis 126), namentlich A 1 bis 6, B 127 bis 130, C 1 bis 7, D 5 bis 44 geliefert; die Abschreiber haben dann einige ihnen nicht passende Stellen weggelassen und manche Umstellungen vorgenommen.

Für die Ausgabe kam es in erster Linie auf die reine Darstellung des wichtigsten Teiles, der „sobieslawschen Rechte" an; daher wurde ihr die Wiener Handschrift als die älteste bekannte zugrundegelegt, trotzdem sie gleich den übrigen nicht fehlerfrei ist. Aus ihr stammen die Abschnitte A und B. Der Abschnitt C, welcher, wie erwähnt, zuerst in der Klattauer Handschrift vorkommt, erscheint zunächst unter den Zusätzen zum Stadtrecht der Altstadt, erst in der bedeutendsten Handschrift, PA, und jenen des 16. Jahrhunderts ist er ein Bestandteil von A und wurde daher in der Ausgabe besonders bezeichnet. Der Abschnitt D endlich enthält den Rest der Zusätze zu den überarbeiteten Ratsstatuten, welche in den Handschriften teils (D 1 bis 6) an früherer Stelle eingeschoben, teils (D 7 bis 44) am Schluß angehängt sind. Beide Abschnitte, C und D, sind aus der besten Handschrift, in der sie vorkommen, PA, übernommen. Von den der Ausgabe nicht zugrundegelegten Handschriften wurden jeweils nur die wichtigeren Varianten aufgenommen. Die Überschriften sind aus der Wiener Handschrift, bezw. jener des Prager städtischen Archivs übernommen. Außer diesen haben noch Kl, Wi 1, F 2 sowie die Strahower Handschrift ständige Überschriften, die anderen nur bei Beginn eines größeren Abschnittes. Da sie in jeder Handschrift anders lauten, geben sie wohl nur die persönliche Auffassung des Schreibers wieder und wurden daher weggelassen. Nur dort sind sie in den Varianten aufgenommen, wo sie zur Erklärung der Stelle in bestimmtem Sinn oder zu einer anderen Auffassung als der in der Übersetzung vertretenen Fingerzeige bieten.

Was die Editionsgrundsätze betrifft, so bin ich selbständigen Regeln gefolgt. Die Handschrift habe ich möglichst getreu wiedergegeben, namentlich was die Schreibweise betrifft. Nur einige wenige offensichtliche Schreibfehler habe ich verbessert. Für die Interpunktion, die Anfangsbuchstaben, sowie die Worttrennung und -verbindung habe ich moderne Schriftregeln angewendet. Da es sich um eine Quelle des 15. Jahrhunderts handelt, habe ich in den Varianten die unzähligen bloßen Schriftverschiedenheiten unberücksichtigt gelassen, ferner alle Varianten, welche nach meinem Dafürhalten auf die rechtliche Bedeutung der bezüglichen Stelle keinen Einfluß haben. Unwesentliche Wortumstellungen habe ich gleichfalls nicht angemerkt.

Die Übersetzung[1] habe ich möglichst wörtlich gehalten, da die Darstellung

---

[1] Der Verein für Geschichte der Deutschen in Böhmen besitzt unter seinen Handschriften zwei vor einigen Jahrzehnten von einem Unbekannten angefertigte Übersetzungen unserer Quelle, und zwar eine vollständige, unter Zugrundelegung von PU 2 (Prager Universitätsbibliothek XVII C 22) verfaßte und mit einigen sehr schönen Anmerkungen ausgestattete, und eine unvollständige Übersetzung. Erstere enthält aber zahlreiche Fehler und Mißverständnisse, wie sie bei Benutzung von bloß einer Handschrift nicht ausbleiben können.

des Rechtsstoffes Gelegenheit bot, den Sinn der Artikel wiederzugeben. Es haben sich jedoch begreiflicherweise der wörtlichen Übersetzung manchmal erhebliche Schwierigkeiten entgegengestellt. Nicht nur, daß manche Worte gerade in der für sie bezeichnenden Bedeutung nicht wiederzugeben sind, war es manchmal mangels näherer Anhaltspunkte sehr schwer oder unmöglich, überhaupt für die Bedeutung des Wortes an der bezüglichen Stelle einen bestimmten, jeden Zweifel ausschließenden Standpunkt zu vertreten, zumal die tschechische Rechtssprache in den Städten erst eine ziemlich kurze Vergangenheit hatte und trotz aller Genauigkeit der Abfassung der Quellen sich doch bei weitem keiner solchen Sicherheit erfreute wie im Landrecht, wo die tschechischen Quellen weit ins 14. Jahrhundert zurückreichen.

A. Die „Sobieslawschen Rechte".

Za czasu kniezete Sobiesslawa [Prazskeho[1] a[1]] Wissehradsskeho a wewody Czeskeho stalo ssie gest pobitie na hworze nad Botieczem genz sslowe v Swateho Jana na bogissty. Tu giest Sobiesslaw porazil sweho bratra mlazssieho y yal geho a dal gey do wieczieho miesta Prazskeho do wiezenie do dwora sswelo, genz slowe nynie v Swate Barbori; a to proto, ze nyemcze czizozemcze w miestie Prazskem gest rozplodil y na zemy a z nich vrzedniky zdielal. Tehdy pany koruhewny zemsczy, smluwywssie gie wirzknutie mezy nymy vczinily pod takowu vmluwu[2]:

1. Aby yzadny niemecz czizozemecz w Prazskem miestie any w Czeskem knieziecztwy[3] zadnym vrzednikem nebil vczinien pod vrziezanym nossu, a to any w duchowniem any w sswietskem rzadu, ale aby za hosty drzany bily.

2. Swolenie kniezat panow y miest.

Stalo ssie gest swolenie mezy tiema bratroma y ode wssiech panow zemskich

Zur Zeit Sobieslaws, Fürsten von (Prag und) Wyschehrad und böhmischen Herzogs, fand eine Schlacht statt auf der Anhöhe oberhalb des Botitsch, welche heißt beim hl. Johann auf der Walstatt. Da schlug Sobieslaw seinen jüngeren Bruder, nahm ihn gefangen und warf ihn in die größere Stadt Prag ins Gefängnis in seinen Hof, welcher jetzt heißt bei der hl. Barbara; und dies deshalb, weil er die fremdländischen Deutschen in der Stadt Prag auch auf dem Lande vermehrt und aus ihnen Beamte gemacht hatte. Da haben die Bannerherren des Landes sie einigend einen Spruch unter ihnen getan unter solcher Vereinbarung:

1. Daß kein fremdländischer Deutscher in der Stadt Prag oder im böhmischen Fürstentum zu einem Beamten gemacht werde bei Abschneiden der Nase; und zwar weder in geistlichem, noch in weltlichem Stand; sondern daß sie für Gäste gehalten werden.

2. Das Übereinkommen der Fürsten, Herren und Städte.

Es kam zustande ein Übereinkommen zwischen diesen Brüdern und von

---
[1] fehlt in allen anderen Handschriften.
[2] umluwu dole psanu in Kl, M 1, F 1, PU 1.
[3] kralowstwy aneb knieżetstwy in M 2.

od miesst ot poprawczy y ode wssech zeman: kdiz by diediczie w Czechach nebilo (k)¹ knieziecztwy¹, tehdy purgmistr Prazsky z wietczieho miesta ma zemy sprawowaty w te sirobie, doniz nebude knieze woleno, a wsseczka miesta gina² magy k niemu hlediety³, kteraz (k)⁴ kniezecztwy⁴ przisslussiegy; a purgmistr w te chwily⁵ ma na rathuze trawity na gross obeczny a ma gmiety w raddye sswe⁶ sudy zemskeho a purgraby Prazskeho, a vrzedniczy wssichny magy k niemu hlediety a vplnie geho posluchaty jako wladarze moczneho.

allen Landherren, von den Städten, von den Poprawzen und von allen Landleuten: Wenn es keinen Erben in Böhmen zum Fürstentum geben würde, dann soll der Prager Bürgermeister aus der größeren Stadt das Land verwalten während der Verwaisung, solange noch kein Fürst gewählt sein wird, und alle anderen Städte, welche dem Fürstentum zugehören, sollen auf ihn achten; und der Bürgermeister soll während der Zeit am Rathaus auf gemeine Kosten leben und soll in seinem Rate haben den Landrichter und den Prager Burggrafen, und alle Beamten sollen auf ihn achten und völlig ihm gehorchen als einem machtvollen Gewalthaber.

3. O sswobodach a prawich.

Tyz pany wirzkly, aby miesto Prazske wietssie⁷ ku podkomorziemu o nizadne wieczy nehlediely any slusely any pod ktereho gineho vrzednika, ale aby k samemu knieziety⁸ hlediely a we wssech sswobodach a prawiech jakozto swobodny pany ssediely, kromie berny zemskich a⁹ mezye⁹ branienie, kdiz by potrzebie bilo, jakozto i giny zemane magi vezinity.

3. Von den Freiheiten und Rechten.

Diese Herren haben ausgesprochen, daß die größere Stadt Prag auf den Unterkämmerer in keiner Sache achte noch ihm unterstehe noch irgendeinem anderen Beamten, sondern daß sie (d. h. die Bürger) allein auf den Fürsten achten und in allen ihren Freiheiten und Rechten wie freie Herren sitzen, ausgenommen die Landesbernen und die Grenzverteidigung sollen sie, wenn es nötig wäre, wie auch andere Landleute leisten.

4. O woleni kniezete Czeskeho.

Kdiz by knieze k zemy mielo woleno bity, tehdy purgmistr Prazsky

4. Von der Wahl des böhmischen Fürsten.

Wenn ein Fürst zum Lande gewählt werden soll, dann soll der Prager

---

¹ k kniezetstwy in den anderen Handschriften.
² gina y purgrabie (und der Burggraf) in den anderen Handschriften.
³ zrzenie mieti in F 2.
⁴ k kniezetstwy in den meisten Handschriften; kněžství in Kl.
⁵ mierze in Wi 1.
⁶ svého in Kl.
⁷ wiecze in Kl, M 1, F 1, PU 1.
⁸ kniezeti vel Regi oto in F 2.
⁹ mezi a země in Kl; a zemie in M 1, F 1, PU 1.

IV. Ausgabe.

ma obeslaty pany, miesta y wssechny vrzedniky, duchownie y sswietske, y wssechny zemany, kterziz k zemy przislussegy, ke dny vrczenemu[1] do Prahy. Tehdy ot toho dne po trzech dnech magi sobie kniezie wolity. Pakli by ssie o to dielily a smluwity ssie nemohly, tehda komuz[2] konsele Prassczy s sswu obczy przistupie a przywole, ten ma hlass miety.

5. O potwrzeni praw.

Kdiz by knieze do zemi przigielo do miesta Prazskeho, prwe[3], nez sse w zemy vwieze, ma przisahu vezinity, aby pany, miesta y wssechny zemany przi gich prawiech a swobodach ostawil.

6. O krziwdie.

Kdiz by knieze Czeske dalo na sswu zemy sahnuti[4] bezprawnie lupezem, nasilim anebo kteruzkoly hanbu[5], tehdy pany miesta a zemane magi k Prazskemu miestu przistupity a sebe braniti te krziwdie, kteraz by ssie gym dala; a w tom czasu nemagi ke kniezieti hlediety any gemu kterich dany dawaty, doniz te przisahy nezdrzi, kteruz gest vezinil chtie ssie w zemy vwazaty.

Zachowani[6] kniezat[6].
Item tiechto swoleny, kterez gsu pany wirzkly, y wssech artikulow ot

Bürgermeister die Herren, die Städte und alle Beamten, geistliche und weltliche, und alle Landleute, die zum Lande gehören, auf einen bestimmten Tag nach Prag laden. Dann von diesem Tag ab nach drei Tagen sollen sie einen Fürsten wählen. Wenn sie sich darüber entzweiten und sich nicht einigen könnten, dann soll der, zu dem die Prager Ratmannen mit ihrer Gemeinde beitreten und beipflichten, die Stimme haben.

5. Von der Bestätigung der Rechte.

Wenn der Fürst ins Land käme in die Stadt Prag, soll er zuerst, bevor er das Land in Besitz nimmt, einen Eid leisten, daß er die Herren, die Städte und alle Landleute bei ihren Rechten und Freiheiten lassen will.

6. Von der Rechtswidrigkeit.

Wenn der böhmische Fürst widerrechtlich auf sein Land greifen ließe durch Raub, Gewalttat oder was immer für eine Schandtat, dann sollen sich die Herren, die Städte und die Landleute um die Stadt Prag scharen, und sich gegen dieses Unrecht wehren, das ihnen widerfahren würde; und in dieser Zeit sollen sie auf den Fürsten nicht achten und ihm keine Steuern geben, solange er den Eid nicht hält, den er geleistet hat, als er vom Lande Besitz ergreifen wollte.

Einhalten der Fürsten.
Von diesen Einigungen, welche die Herren ausgesprochen haben und von

---

[1] uročniemu in Kl.
[2] k komuz in Wi 1, Wi 2, M 1, F 1, PU 1, M 2, F 2, PU 2, PA.
[3] drziewe in PU 1.
[4] tahnuti in PU 1.
[5] giny wieczy in F 2.
[6] Schluß: Kto gsu tiechto swolenie potwrdily, tito gsu in Wi 1; Swolenie in F 2. Fehlt in den anderen Handschriften.

kniezat sswolenich, totizto ot knieze Sobiesslawa, od Jaroslawa, od Brzieczislawa, od Domaslawa, ot Boleslawa, ot Waczlawa, ot Wratyslawa, ot Nadsslawa y ote wssiech kniezat Czeskich, tito wieczy y artykuly y wssechny swobody a prawa gsu zachowana az do krale Waczlawa, kteriz gest zabit w Olomuczy.

allen von den Fürsten eingegangenen Artikeln, und zwar vom Fürsten Sobieslaw, von Jaroslaw, von Brzetislaw, von Domaslaw, von Boleslaw, von Wenzel, von Wratislaw, von Nadslaw und von allen böhmischen Fürsten, sind diese Sachen und Artikel und alle Freiheiten und Rechte aufrecht erhalten worden bis zu König Wenzel, welcher in Olmütz ermordet wurde.

B. Das Stadtrecht der Altstadt Prag.

Letha ot narozenie Sina Bozieho po tisiczi po trzech stech desateho leta vnora miessiecze ten vtery przed Swatim Blazegem tiemito dary gest miesto stare Prazske obdarowano ot krale Jana krale Czeskeho a krale Polskeho a hrabie Luczemburskeho, ot otcze dobre pamiety krale Karla cziessarzie Rzimskeho a krale Czeskeho. Tito gsu swobody a prawa, gimiz gest miesto Prazske wisazeno a obdarowano ot¹ kniezat¹.

1. Item o konselskem vstaweni.

Nyzadny niemecz czizozemecz,² kterizby czesky nevmiel³, nema purgmistrem byty.

2. Purgmistr ma samemu kraly.

Kdiz konssele dossedie ssweho roku, tehdy purgmistr nema daty pecziety zadnemu nez kralowie milosty w geho ruku⁴.

Im Jahre von der Geburt des Gottessohnes 1310 im Monat Feber, am Dienstag vor dem hl. Blasius, wurde die Altstadt Prag mit folgenden Begnadigungen beschenkt von König Johann, König von Böhmen und Polen, und Grafen von Luxemburg, vom Vater seligen Angedenkens König Karls, römischen Kaisers und Königs von Böhmen. Dies sind die Freiheiten und Rechte, womit die Stadt Prag von den Fürsten ausgesetzt und beschenkt wurde.

1. Von der Bestellung der Ratmannen.

Kein fremdländischer Deutscher, der nicht tschechisch kann, soll Bürgermeister sein.

2. Der Bürgermeister soll allein dem König.

Wenn die Ratmannen ihr Jahr ausgesessen haben, dann soll der Bürgermeister das Siegel niemandem geben als Seiner Königlichen Majestät in seine Hand.

B) Einleitung: Abs. 1 fehlt in Wi 2, M 1, und PU 1; in M 1 steht an seiner Stelle: Statuta. Abs. 2 fehlt in Kl, M 1, F 1, PU 1, M 2, PA, PU 2, M 3, M 4; in Wi 1 wird er eingeleitet mit folgenden Worten: Kdyz gest miesto Prazske obsazowano.

¹ od cziessarzie Karla a od kralow a kniezat prwnich a potomnych in Wi 2.
² fehlt in den anderen Handschriften außer Wi 1.
³ nemluwil in PU 2.
⁴ Zusätze: od geho rady in PU 1; pakli krale w zemy nenie, ale obczy ma polozyti in Wi 1.

3. O konsselech.

Item ma byty dwanaczte konsselow Czechow¹ a¹ ssest, gesto² by² niemeczky² vmiely.

4. O przisazie.

Nemagi konssele nikdiez ginde przisahy braty nez przed kralowu milosty ot geho rady.

5. O dworzacziech.

Nema bity yzadny dworzak³ konsselem any ten, ktoz lezaky chowa.

6. Izadny czizoloznik nema bity konsselem any richtarzem any vrzednikem yzadnym.

7. Kraly v posselsstwie.⁴

Nemagy konssele kraly v posselsstwye giezdiety⁵ bez obecznich przisznich nez, kterziz by bily widany anebo woleni.

8. Nema bity consselem nizadny ten, ktoz na schantroky⁶ dawa anebo na lichwy.

3. Von den Ratmannen.

Es sollen 12 Ratmannen Tschechen sein und 6, welche Deutsch können [bezw. 6 Deutsche, welche Tschechisch können].

4. Vom Eide.

Die Ratmannen sollen nirgendwo anders als vor Seiner Königlichen Majestät von seinem Rate in Eid genommen werden.

5. Von den Hofleuten.

Es soll kein Hofmann* Ratmann sein, auch nicht jener, welcher Einlieger [Ležáken]** beherbergt.

6. Kein Ehebrecher soll Ratmann noch Richter noch irgend ein Amtmann sein.

7. An den König in einer Botschaft.

Die Ratmannen sollen nicht zum König in einer Botschaft reiten ohne die Gemeindegeschworenen, außer welche dazu bestellt oder gewählt wären.

8. Es soll niemand Ratmann sein, welcher auf Schandzins*** [bezw. Schachkauf, hohen Preis] gibt oder auf Wucher.

---

¹ Čechuov in Kl; fehlt in Wi 2.
² Niemczow kteriz by czesky in Wi 2, M 1, M 2, M 3, M 4, PU 1, PU 2, PA.
³ dworzenin in PU 2.
⁴ O poselství králi od konšeluov in Kl; Kraly v posselstwie in Wi 1; Kto magy k krali gezditi w poselstwy in PA.
⁵ gezditi ani choditi in F 1.
⁶ sadkufi in Kl; ssrantoky in Wi 1; ssadkaffi in Wi 2; ssadkuffy in M 1, F 2, M 2; draho in PU 2, M 3, M 4; draho a na ssadkauffy in PA.

* Unter dworzak kann einer verstanden werden, der einen dwur hat, einen Hof etwa in der Vorstadt oder auf dem Lande, und nicht in der Stadt selbst lebt, Rößler, St. R. 112, 140¹; es kann aber auch einen bedeuten, der in einem Hof = curia in der Stadt wohnt, wie es solche in allen größeren Städten gab, für Wien vgl. Voltelini, Anfänge der Stadt Wien 1913, S. 90. Zweifelsfrei läßt sich dies hier nicht entscheiden.

** Betreffend diese ležáci, Lagerherren vgl. Pič, Mitt. d. V. f. Gesch. d. Deutsch. i. B. 44, S. 428; hier wäre mithin ein älterer Beleg für dieses Rechtswort gegeben.

*** Das Wort ist noch nicht sicher erklärt worden, vgl. Benecke, mhd. Wörterb. II² 55ᵇ; Brandl, Glossar u. d. W.; Jungmann, Slownik českoněmecký IV 436.

9. **Listi na zmatky.**
Nema bity konsselem, ktoz listy na zmatky anebo pro pohony¹ kupuge.

10. Kdiz kral chcze konssely ssadity², tehdy kazdy s starich konsselow ma trzy napssane daty, a s tiech napsanich osmnaczt ma przisahu wziety³.

11. **Ktoz za penieze przisaha.**
Nema bity konsselem, ktoz lidem za penieze przisaha a gssa winen, a take za wrazdu, kdiz przisaha gsa winen.

12. **Sahla na konssely⁴.**

Kdiz by obecz na konssely sahla s swu moczy, tehdy ty konssele nemagy wiecze sudity any do rady chodity, lecz to na kralowu milost wznessu.

13. **Nema konsselem...**
Nema yzadny prwe konsselem vczinien bity nez ten, kteriz by prwe w obczy trzy letha miel przisahu a magie prawo miestczke.

14. **Konssel z miesta.**

Izadny konssel nema z rady gity any z miesta giety bez odpustienie purgmistrowa; pakli by proty tomu vczinil, tehdy ma gey purgmister pod przisahu obeslaty, a kdiz by wzdy

9. **Briefe auf Anklagen.**
Es soll nicht Ratmann sein, welcher Briefe auf unrechtmäßige Klagen oder für Ladungen kauft.

10. Wenn der König Ratmannen setzen will, dann soll jeder aus den alten Ratmannen drei (Personen) aufgeschrieben geben und von diesen aufgeschriebenen sollen 18 den Eid nehmen.

11. **Wer für Geld schwört.**
Es soll kein Ratmann sein, wer Leuten für Geld schwört und schuldig ist, sowie wegen Mordes, wenn er schwört und schuldig ist.

12. **Sie griffe auf die Ratmannen.**

Wenn die Gemeinde mit ihrer Macht auf die Ratmannen greifen würde, dann sollen diese Ratmannen nicht mehr zu Gericht sitzen noch in den Rat gehen, außer wenn sie dies an Seine Königliche Majestät bringen.

13. **Soll nicht Ratmann.**
Niemand soll früher zum Ratmann bestellt werden, außer der, welcher vorher in der Gemeinde drei Jahre den Eid (geleistet) hätte und das Bürgerrecht besäße.

14. **Der Ratmann aus der Stadt.**

Kein Ratmann soll aus dem Rat gehen oder aus der Stadt fahren ohne Urlaub des Bürgermeisters. Wenn er dagegen handelte, dann soll ihn der Bürgermeister bei seinem Eid

---

¹ Über die Bedeutung dieses Begriffes, welcher viel weiter ist als das Wort Ladung ansagen kann, etwa Rechtsverfolgung, vgl. Stieber, K vývoji správy, Prag 1901, S. 29 ff.; Brandl, Právník VIII 190 ff.; Teige, Ottův slovník naučný XX 968 f.
² woliti in Wi 1, Wi 2, M 3, PA; nowe woliti in PU 2.
³ uczinyty in Wi 2; przigieti in PU 2.
⁴ O tom, když by obec na konšely sáhne in Kl; Sahla na konssely in F 2; O saahnuty obcze na conssely in PA.

neprzissel, tehdy nema do rady gity, lecz by purgmistra y¹ konsselow¹ otprossil; pakli by gey purgmistr obeslal po druhe pod przissahu wssech konsselow² przikazanym a on by wzdy neprzissel, tehdy ma wssem panom obied daty za tu pokutu; pakli by toho wsseho nevczinil, ze by obiedu nedal ani gich otprossil, tehdy ma gey trzetie³ obeslati a neprzidely po trzetiem obeslany a tomu wssemu prwniemu dosty nevczini, tehdy wiecze nema do rady chodity, dokud ta rada ssedy⁴.

15. Ktoz s miestem netrpy.

Item⁵ nema bi y konsselem zadny nez miestienyn ten, kteriz sse wsseho sweho zbozie s miestem trpy, kterez ma na zemy y w miestie, ponoczkamy y sse wssemy poplatky⁶.

16. Nema s peczety...

Item purgmistr nema gity any gety z miesta s pecziety, nez ginemu⁷ daty aneb poruczity, aby obecz nebila meskana skrze⁸ ney⁸.

17. Wisse padessaty.

Item nema yzadny konsselem bity ten, kteriz wisse padessaty kop nema ocziteho zbozie.

vorladen, und wenn er immer noch nicht käme, dann soll er nicht in den Rat gehen, bis er den Bürgermeister und die Ratmannen abgebeten hätte. Wenn ihn der Bürgermeister zum zweitenmal bei seinem Eid über Auftrag aller Ratmannen vorladen würde und er noch immer nicht käme, dann soll er allen Herren ein Essen geben zur Strafe dafür. Wenn er all dies nicht täte, daß er kein Essen gäbe und sie auch nicht abbitten würde, dann soll er ihn zum drittenmal vorladen, und käme er nach der dritten Vorladung nicht und leistete er allem dem früheren nicht Genüge, dann soll er nicht mehr in den Rat gehen, solange der Rat sitzt.

15. Wer mit der Stadt nicht leidet.

Es soll niemand Ratmann sein außer der Bürger, welcher von seinem ganzen Gute, welches er auf dem Lande und in der Stadt hat, mit der Stadt durch Nachtwachen und mit allen Umlagen [Bern, Losung] leidet.

16. Soll nicht mit dem Siegel.

Der Bürgermeister soll nicht mit dem Siegel aus der Stadt gehen oder fahren, sondern dasselbe einem anderen (Ratmann) geben oder anvertrauen, damit die Gemeinde durch ihn nicht in Verzug gerate.

17. Über 50 (Schock).

Niemand soll Ratmann sein, welcher nicht mehr als 50 Schock Groschen sichtbaren Gutes hat.

---

¹ Fehlt in PU 2, M 3, M 4.
² panow in Wi 1.
³ trzeti den in PU 1.
⁴ trwa a sedie in PU 2.
⁵ Item sedlak in F 2.
⁶ pokutamy in Wi 2, F 2.
⁷ ginemu consselu in den anderen Handschriften.
⁸ Fehlt sonst außer Wi 1.

18. Hudecz, pisstiecz.

Item zadny hudecz any pisstecz any lazebnik any barwierz[1] nema bity consselem.

19. Nemagi dele sedieti.

Item konssele, kterziz na radie ssedie, nemagi dele sediety nezly rok geden; a na tom konsselsstwy tento rzad ma byty, ze yzadny konssel nema w krczmach na rzadiech sedaty; pakli by sse ktery konssel budto yako[2] (dnes)[2] opil, tehdy nazaitrzie nema do raddy gity; a kdiz ty konssele geden rok wissedie, tehdy magi poczet vezinity obczy sstarssie.

20. O hodowani konsselow.

Item yzadni konsel nema na obeczni gross hodowaty any kwassow strogity[3]; pakli by bil w tom nalezen, ma hrdlo sstratity.

21. O wirczeny ortele.

Item nemagy konssele yzadneho ortele wirziekaty nez rano na rathuze; a take, kdiz by miely ktery ortel wirzknuty, nemagy tu bity richtarz any zadny possel.

22. O radi proneseni.

Kteriz by konssel raddu pronesl, ma hrdlo stratiti.

23. O sseptani w radie.

Item yzadni konssel nema z druhim konsselem w radie sseptati, ale przie pilnie posluchaty, aby sprawedlnost stranam vezinily.

18. Spieler, Pfeifer.

Kein Spieler oder Pfeifer oder Bader oder Barbier soll Ratmann sein.

19. Sollen nicht länger sitzen.

Die Ratmannen, welche am Rate sitzen, sollen nicht länger sitzen als ein Jahr; und im Ratmannenamt soll diese Ordnung gelten, daß kein Ratmann in Wirtshäusern auf den Bänken sitzen soll; wenn sich ein Ratmann, sagen wir etwa, (heute) berauschte, dann soll er morgen nicht in den Rat gehen; und wenn die Ratmannen ein Jahr lang gesessen sind, dann sollen sie der älteren Gemeinde Rechnung legen.

20. Vom Schwelgen der Ratmannen.

Kein Ratmann soll auf [Gemeindekosten] gemeinen Groschen schwelgen oder Gastmäler geben; wenn er darin befunden würde, so soll er den Hals verlieren.

21. Vom Aussprechen des Urteils.

Die Ratmannen sollen kein Urteil sprechen außer früh auf dem Rathause; auch sollen, wenn sie ein Urteil auszusprechen hätten, weder der Richter noch ein Bote zugegen sein.

22. Vom Verrat des Ratschlusses.

Welcher Ratmann einen Ratschluß verriete, soll den Hals verlieren.

23. Vom Flüstern im Rate.

Kein Ratmann soll mit einem zweiten Ratmann im Rate flüstern, sondern dem Streit aufmerksam zuhören, um den Parteien Gerechtigkeit zu tun [Recht zu erteilen].

---

[1] bradycrz in PA.
[2] Fehlt in F 2; yako dnes in den anderen Handschriften.
[3] činiti in Kl; cziniti aneb strogiti in M 1; mieti in F 2.

24. O dielenie pokut.

Item nemagy konssele yzadnich pokut mezy sse dielity, nez czoz gest menie sedmy kop; ty¹ pokuty magi gity na obeczna diela anebo na miestske oprawenie.

25. Nema vbrmanem bity.

Item yzadny konssel nema na rocziech vbrmanem bywaty mezy² stranami².

26. O zidowskich listech³.

Zadny miestienyn any konssel nema sswe peczety k zidowskemu listu przitisknuty any przywiessity.

27. Wistupeny.

Nema konssel z rady wisstupity, dokudz ssie prze nedokona, kteraz gest prozalowana, any stranam czo radity pod przissahu.

28. O swadie w radie.

Item kdiz by ssie konssele w radie swadily, tehdy purgmistr nema gich rozno rozpustity dotud, dokudz gich nesmirzy. Pakli by ktery conssel purgmistrem pohrdal⁴, tehdy ten konssel nema w radie ssediety az do smirzenie.

29. O wiezni, dokudz...

Dokudz konssele na wiezni ortele newirzknu, mohu gemu milost vezinity; pakly ortel wirzknu, nemoz giz gemu

24. Von der Verteilung der Strafen.

Die Ratmannen sollen keine Strafen unter sich aufteilen, außer was geringer ist als 7 Schock; die Strafen (über 7 Schock) sollen auf Gemeindewerke oder auf städtische Verbesserungen verwendet werden.

25. Er soll kein Übermann [Schiedsrichter] sein.

Kein Ratmann soll in Winkeln Schiedsrichter sein zwischen Parteien.

26. Von jüdischen Urkunden.

Kein Bürger oder Ratmann soll sein Siegel einer jüdischen Urkunde beidrücken oder anhängen.

27. Austreten.

Kein Ratmann soll aus dem Rat austreten, solange die Streitsache nicht beendet ist, welche eingeklagt ist, noch bei seinem Eide den Parteien einen Rat erteilen.

28. Vom Streite im Rate.

Wenn die Ratmannen im Rate in Streit geraten wären, dann soll der Bürgermeister sie nicht auseinander lassen, solange als er sie nicht versöhnt. Wenn irgend ein Ratmann den Bürgermeister mißachten würde, dann soll dieser Ratmann nicht im Rate sitzen bis zur Aussöhnung.

29. Vom Gefangenen, wie lange.

Solange die Ratmannen über einen Gefangenen das Urteil nicht aussprechen, können sie ihm Gnade

---

¹ a wsseczky pokuti, kterez su wysse sedmi kop, ty in Kl, Wi 2, M 1, F 1, F 2, PU 2, M 3, M 4, PA; a wsseczky in 6.

² fehlt in den anderen Handschriften außer M 2.

³ O přivěšeni pečeti súsedské in Kl; Conssel k zydowskemu listu nema przitisknuti peczeti in Wi 1; O peczeti zidowske in F 2; O przitisstieny peczeti k listu zidowskemu in PA.

⁴ pohrzel in allen anderen Handschriften außer Wi 1.

zadny pomoczy nez moczna ruka iakozto kral neb knieze.

30. Konsel any pyssarz...

Item yzadny konssel any pissarz miestsky nema przi kssefftu bity, kdiz by czo zidom nebo kniezim anebo kterimztokolywiek duchownym lidem bilo rozkazowano k diedicztwy.

31. O winnirziech.

Nema yzadni sudity winicz we trzech milech okolo Prahy y winarzow nez konsele sstaromiestczy, budto w duchownyem zbozy[1] nebo w sswietskem.

32. Klicze ot truhly chowati.

Item klicz ot truhly ma ten konssel chowaty, kteriz ma potom purgmistrem bity.

33. Nemagi alaffanczow...

Item yzadni konssel nema alaffanczow braty od stran, kterez ssudie; pakli by bil ktery nalezen, tehdy ma z rady wywrzien bity.

34. O straczeni.

Item kdiz by konssel klicz ot[2] truhly[2] stratil, tehdy ma za tu winnu wssem konsselom obied daty.

35. O tresktani vrzadow.[3]

Item nema zadny konsselow giny[4] any vrzednikow tresktaty nezly purgmistr[5] w raddie.

gewähren; wenn sie das Urteil aussprechen, so kann ihm niemand mehr helfen als eine mächtige Hand, wie der König oder Fürst.

30. (Weder) Ratmann noch Schreiber.

Kein Ratmann noch ein Stadtschreiber soll bei einem Geschäft dabei sein, wenn etwas Juden oder Priestern oder welchen geistlichen Leuten immer verstiftet würde zur Erbschaft.

31. Von Winzern.

Niemand soll die Gerichtsbarkeit haben über Weinberge innerhalb drei Meilen um Prag und über Winzer als die altstädter Ratmannen, sei das Gut geistlich oder weltlich.

32. Die Schlüssel von der Truhe verwahren.

Den Schlüssel von der Truhe soll der Ratmann verwahren, welcher nachher Bürgermeister werden soll.

33. Sollen nicht Geschenke.

Kein Ratmann soll Geschenke nehmen von den Parteien, über welche er richtet; wenn einer darin betroffen würde, dann soll er aus dem Rate ausgestoßen werden.

34. Vom Verlieren.

Wenn ein Ratmann den Schlüssel von der Truhe verlieren sollte, dann soll er für diese Schuld allen Ratmannen ein Essen geben.

35. Vom Strafen der Amtmannen.

Es soll kein anderer von den Ratmannen noch auch von den Beamten strafen als der Bürgermeister im Rate.

---

[1] prawie in Kl, M 1, F 1, PU 1; rzadu in F 2.
[2] Fehlt in Kl, F 1, PU 1, M 1.
[3] Einer anderen Auffassung des Artikels geben folgende Überschriften Raum: O trestánie konšeluov in Kl; Kto ma conssely tresktati in Wi 1; Kto gmaa conssely a vrzedniky tresktati (Wer Ratmannen und Beamte strafen soll) in PA.
[4] Fehlt in allen anderen Handschriften außer Wi 1.
[5] purgmistr sam in F 2, M 1, PU 1.

IV. Ausgabe.

36. O poprawie nad czlowiekem.

Item nema yzadny nad czlowiekem otssuzenym popraw[it]y¹ rozkazowaty nez purgmistr.²

37. O straczenie peczeti.

Item kdiz by purgmistr sstratil peczet, tehdy ma daty kraly padessat kop grossow za ginu peczet a wiecze do rady nema chodity; a w te nowe pecziety ma bity niekteraka promiena pro wistrahu stare peczety straczenie.

38. O rownu praczy.

Item purgmistr ma rownie praczowaty ss konssely w ortelech y poselstwich³.

39. Ma nalezen purgmistr bity.

Item purgmistr nema ginde nalezen bity nezly na rathuze⁴ anebo doma, aby pro nieho lid obeczni na sswich potrzebach nebil obmeskan.

40. Sud we sstirzech nedielech.

Item kazdy purgmistr w swich stirziech nedielech ma sud vezynity, aby sse prawda stala lidem⁵.

41. O zawazenie miesta.

Item purgmistr nema bez konselow⁶ a obecznieho wiedomie miesta w niczemz zawadity any o penieze any [any] o ktere sliby.

36. Vom Nachgericht über einen Menschen.

Niemand soll das Nachgericht über einen verurteilten Menschen anordnen außer der Bürgermeister.

37. Vom Verlieren des Siegels.

Wenn der Bürgermeister das Siegel verlieren würde, dann soll er dem König 50 Schock Groschen für ein anderes Siegel geben und soll nicht mehr in den Rat gehen; und in dem neuen Siegel soll irgend eine Änderung sein zur Warnung vor dem alten, verlorenen Siegel.

38. Von der gleichen Arbeit.

Der Bürgermeister soll in gleicher Weise wie die Ratmannen in Urteilen und Botschaften tätig sein.

39. Der Bürgermeister soll gefunden werden.

Der Bürgermeister soll nirgendwo anders gefunden werden als auf dem Rathaus oder zu Hause, damit seinetwegen der gemeine Mann in seinen Bedürfnissen keinen Verzug erleide.

40. Das Gericht innerhalb vier Wochen.

Jeder Bürgermeister soll innerhalb seiner vier Wochen ein Gericht halten, damit den Leuten Gerechtigkeit widerfahre.

41. Vom Verpflichten der Stadt.

Der Bürgermeister soll ohne die Ratmannen und ohne Wissen der Gemeinde die Stadt in keiner Weise verpflichten, weder mit einer Geldschuld, noch mit irgendwelchen Zusagen.

---

[1] poprawy in allen anderen Handschriften außer Wi 1.
[2] sam purgmistr in F 2, PU 1.
[3] Folgt noch: y wssem ezoz potrzebie in F 2.
[4] Folgt: w kosteli in M 2.
[5] kazdemu in F 2; fehlt in allen anderen Handschriften außer Wi 1.
[6] konšelskeho in allen anderen Handschriften außer F 2.

42. Dewiet sudow.

Item ma byty do roka dewiet ssudow plnich a trzie possudkowe, prwny trzie sudowe po sswieczkach[1], a druzy trzie po sswietie Trogiczy, a trzietie trzie po sswietiem Hawle; a po kazdich trzech ssudech ma richtarz prawa pomahaty a posudek geden vczinity, abi sse obczi sprawedliwost stala.

43. O purgmistru.

Nema biti purgmistr dele purgmistrem nez stirzy nedielye.

44. O hodinie.

Kdiz by purgmistr konsselom do raddy hodynu vlozil, kteriz by zmeskal, ma ssest halerzow pokuti daty.

45[2]. Item richtarz nema w radie sedaty mezy pany, ale ma na kazdy tiden dwakrat ssud mieti; zitra ma mieti sud, czoz gest pod deset kop, a druhy ssud po obiedie, czoz gest pod kopu menie, a ktoz by winen na tom ssudie bil, ma[3] (k niemu)[3] trziety den prawa pomoczy.[4]

46. Nema do rady chodity[5].

Item nema yzadni w raddu do obcze chodity nez przissezny, kterimz budu listkowe dany; pakli sse bude peniez dotykati, tehdy magi bity wssichny

42. Neun Gerichte.

Es sollen im Jahre neun Vollgerichte sein und drei Aftergerichte, die ersten drei Gerichte nach Lichtmeß, die zweiten drei nach hl. Dreifaltigkeit, und die dritten drei nach St. Galli, und jeweils nach den drei Gerichten soll der Richter Rechtes helfen und ein Aftergericht abhalten, damit der Gemeinde Gerechtigkeit werde.

43. Vom Bürgermeister.

Der Bürgermeister soll nicht länger Bürgermeister sein als vier Wochen.

44. Von der Stunde.

Wenn der Bürgermeister den Ratmannen die Ratsstunde auflegen würde, so soll der, welcher sie versäumte, 6 Heller Strafe geben.

45. Der Richter soll nicht im Rate sitzen zwischen den Herren, sondern er soll jede Woche zweimal Gericht halten; morgens soll er Gericht halten über das, was unter zehn Schock ist, und ein anderes Gericht nachmittags über das, was unter 1 Schock ist, und wer in diesem Gericht schuldig wäre, gegen den soll er den dritten Tag Rechtes helfen.

46. Soll nicht in den Rat gehen.

Niemand soll zur Beratung in die Gemeinde gehen außer die Geschworenen, denen Zettel gegeben werden; wenn es sich um Geld handeln wird,

---

[1] Boziim krztieny in M 2.
[2] Tyto kusy na rychtarze slussegy in Kl, Wi 1, F 1, M 2, PA; ferner: K dyz ma rychtarz sud mieti in Wi 1; ferner Kolik gmaa suduow gmyeti rychtarz in PA; O saudu rychtarzowu in F 2.
[3] ma k niemu in Kl, Wi 1, Wi 2, F 1, M 1, M 2, M 3, M 4, PA; ma nan in F 2; ma gemu in PU 1.
[4] Folgt noch: ale s tiezkem to Bukarz (Bakalař?) vcziny in F 2.
[5] Kto magi do obcze w radu choditi in Wi 1, PA; O obczy obsielanie in F 2.

vssedly, ale zadny domownik any nagemnik any podruh.

47. O Richtarzy.
Richtarz ma mieti deset kop do roka z bernie a poribne; a za to ma dwa konie na rathuze postawity, na kterichzto konich magi na poprawu wodity; a take magi na tiech konich newolne lidy honity, take pro bernie, aby na nich na zagem aneb ffentowat giezdily.

48. O krzywe przisaze.
Item kdiz by kto na ssudie krzywie przissahal, ma gemu tilem jazik wiwleczen byty.

49. Zaklad w dluhu wzaty.

Item kdiz by richtarz komu wzal zaklad w dluhu, tehdy ma cztirzy ssudy wiwolaty, kazdy we dwu nediely, a potom ma mocz tepruw prodati. Pakli by ssie czo nedostalo, ma dluznik hotowimy peniezy dolozity trzeti den.

50. O zlodiege.
Kdiz richtarz zlodiege popadne, a bude ten zlodey otprawen, tehda ma gmiety richtarz to wssie, czoz gest na niem y pod nim kromie birziczowa prawa, take kromie toho, po czemz by powod ssel, neb tomu ma wraczeno bity, komuz gest vkradeno.

51. O lany Bohu.
Item ktoz by panu Bohu lal aneb sse poruhal, ma gemu jazik vrzezan[1] bity.

dann sollen dabei sein alle Ansässigen, aber kein Hausmieter, Wohnungsmieter oder Mitwohner.

47. Vom Richter.
Der Richter soll 10 Schock für das Jahr aus der Bern und das Fischgeld haben; und dafür soll er zwei Pferde auf dem Rathaus halten, auf welchen Pferden man zur Hinrichtung führen soll; auch soll man auf diesen Pferden unfreie Leute jagen, sowie auch für die Bern (sollen sie benützt werden), um auf ihnen zur Beschlagnahme oder zum Pfänden zu reiten.

48. Vom falschen Schwur.
Wenn jemand vor Gericht falsch schwören würde, so soll ihm rückwärts die Zunge ausgerissen werden.

49. Ein Pfand um eine Schuld genommen.
Wenn der Richter jemandem ein Pfand für eine Schuld genommen hätte, dann soll er (es durch) vier Gerichtstermine ausrufen, jeden zu zwei Wochen, und dann erst hat er die Macht, es zu verkaufen. Wenn noch etwas fehlen würde, so soll es der Schuldner den 3. Tag in Bargeld zulegen.

50. Vom Diebe.
Wenn der Richter einen Dieb ergreift, und wird der Dieb gerichtet, dann soll der Richter alles haben, was auf ihm und unter ihm ist, außer dem Schergenrecht, auch ausgenommen das, worauf der Kläger ging; denn es soll jenem zurückgegeben werden, dem es gestohlen wurde.

51. Von der Lästerung Gottes.
Wer Gott den Herrn lästern oder schmähen würde, dem soll die Zunge abgeschnitten werden.

---

[1] wyrzezan in PU 1, PU 2, M 3, M 4.

52. Richtarz nema braty ot ffentowanie¹ nez, czoz pod kopu nize gest, ot toho nema wziety wiecze nez gross; a czoz pod desset kop, ot toho ma wziety trzy grossie; a czoz nad deset kop, ot toho ma wziety piet grossow, a tak az do tyssicze cztuczie.

53. O pod richtarzie.
Dokudz pany na rathuze ssedie, do tez chwile nema pod richtarzie nikam s rathuza gity.

54. Zaklad wzal...
Item kdiz by richtarz komu zaklad wzal v berny aneb w zadrzenem vrocze, tehda moz² gey trzety den prodaty.

55. O zidowskem sudye.
Item kdiz gest zidowsky sud, tehda ma na niem sedieti krziestian richtarz³ a dwa przissezna, aby ssie krziestianom prawda stala.

56. O stawenye.
Host hostie moz stawiti p o kazde penieze na prawo.⁴

57. O placzu drzenie.

Nema izadni placzu drziety, kdiz by hraly w kostky, nez pod richtarzie, a ginde nikdiez nema bity hra [nez⁵] w miesstie, aby mordow nebilo.

58. O richtarzowich.
Item richtarz hlawny ma piet panossy⁶

52. Der Richter soll vom Pfänden nicht mehr nehmen als: was unter einem Schock ist, davon soll er nicht mehr nehmen als 1 Groschen; und was unter 10 Schock ist, davon soll er nehmen 3 Groschen; und was über 10 Schock ist, davon soll er nehmen 5 Groschen und so fort bis 1000 (Schock) gerechnet.

53. Vom Unterrichter.
Solange die Herren auf dem Rathause sitzen, bis zu dem Augenblick [Weile] soll der Unterrichter nirgendhin aus dem Rathause gehen.

54. Hat ein Pfand genommen...
Wenn der Richter jemandem ein Pfand genommen hätte wegen der Bern oder eines verhaltenen Zinses, dann kann er es den 3. Tag verkaufen.

55. Vom jüdischen Gericht.
Wenn ein jüdisches Gericht abgehalten wird, dann sollen an ihm sitzen ein christlicher Richter und zwei Geschworne, damit den Christen Recht werde.

56. Von der Besetzung.
Der Gast kann den Gast für jede Geldschuld gerichtlich anhalten.

57. Vom Halten eines Spiellokals.
Niemand soll ein Spiellokal halten, wo man Würfelspiel treibt, außer der Unterrichter und nirgendwo anders in der Stadt soll gespielt werden, damit es keine Mordtaten gibt.

58. Von den Gerichtspersonen.
Der Hauptrichter soll fünf Knappen

---

¹ stawowanie in F 2.
² muož a ma in Kl, M 1, F 1, PU 1; muoz anebo in Wi 2; muoz anebo ma in M 2, PU 2, M 3, M 4.
³ Fehlt in Kl.
⁴ své právo in Kl, PU 1, PU 2, F 1, PA, M 1, M 2, M 3, M 4; prawie in F 2.
⁵ Fehlt in allen anderen Handschriften.
⁶ panossy i sluzebnikow in M 2.

IV. Ausgabe.

miety a pod¹ richtarzie¹ ctyrzy a pissarz krewny trzy.

59. O zapeczietieny.

Item kdiz by bilo komu zapeczeteno od prawa a on by odlomil, hrdlo² ma² stratity².³.

60. Pissarz naywissy ma⁴.

Item naiwissy pissarz w radie ma miety padesat kop grossow⁵; ty penieze magy gemu daty z urzadu; a take ma miety listy kssefftownie a listy possielaczie a take ortele, kterez konssele w raddie wirzknu; a z rucha panow nema vpominati.

61. Mensy pisarz⁶.

Item pissarz⁷ menssy⁷ ten ma gmiety ctrmezczietma kop grossuow; a k tomu ma gmiety trhy winiczne, y take trhi domowe, y wsseczky dluhy⁸, kterimz ssie lide przyznawagi; to ma wsse zapissowati a ot toho ma brati; a take listi na zdy nebo na okna swietla a wodu y o wsseczky meze, to ma mensy⁹ pisarz pssati a od toho brati; a z rucha nema vpomynaty.

haben, der Unterrichter vier und der Blutschreiber drei.

59. Von der Versiegelung.

Wenn jemandem etwas vom Gericht versiegelt würde und er es [das Siegel] erbrechen würde, soll er den Hals verlieren.

60. Der oberste Schreiber soll.

Der oberste Schreiber im Rate soll 50 Schock Groschen haben; dieses Geld soll man ihm geben von seinem Amte; auch soll er haben die Geschäfts- und Botschaftsbriefe und auch die Urteile, welche die Ratmannen im Rate aussprechen; und um die Kleidung soll er die Herren nicht mahnen.

61. Der mindere Schreiber.

Der mindere Schreiber soll 24 Schock Groschen haben; und hiezu soll er haben die Kaufverträge über Weinberge und auch die Kaufverträge über Häuser sowie alle Schulden, zu denen sich die Leute bekennen [Schuldanerkenntnisse]; das soll er alles einschreiben und davon soll er Bezüge haben; und auch die Urkunden auf Mauern oder auf lichte Fenster und Wasser und über alle Grenzen, dies soll der mindere Schreiber niederschreiben und davon Bezüge haben; und um die Kleidung soll er nicht mahnen.

---

¹ po rychtarzie in M 1.
² gma panom puol sedmy kopy dati in PA.
³ Folgt noch: pakli by sie prawu branil anebo haniel, ma hrdlo ztratiti in Kl, M 1, F 1, PU 1, M 2, PU 2, M 3, M 4, PA.
⁴ Czo ma mieti pisarz in Wi 1; Tuto znamenay o pisarzich starssich y mladssich in F 2; Pisarz ktery w raddie sedy in M 2; Pisarz naywyssy in PA.
⁵ grossuow do roka in Kl, F 1, M 1, PU 1, M 2, PU 2, M 3, M 4, PA.
⁶ Menssy pisarz in Wi 1, PA; Pisarz menssy w raddie in M 2; Menssy in F 2.
⁷ nizssy pisarz iakozto berniczy in PU 2, M 3, M 4.
⁸ domy, dluhy in PU 2, M 4.
⁹ nizssi in PU 2.

62. Naymensy pisarz.

Item menssy pissarz jakozto berniczy ma gmiety dwanaste kop grossow; take ten (ne-) ma[1] z rucha vpomynaty, i take giny pissarzie mensy[2,3]; a ty[2,3] mensy[2,3] pissarzie[2,3] mohu kssefftom chodity; a ot toho nemoczneho ten, kteriz popisuge pisarz, ma mieti za praczy stirzi grosse, a potom ten ksafft ma daty naywissiemu pisarzy do canczelarzi, abi ten peczet przilozil k tomu listu a tepruw z nowa bil wiplaczen ot nieho.

63. O krewnem pissarzy.

Item krewny pisarz, ten ma przes czely den przed schatlawu ssediety, aby tu mohl nalezen bity ot tiech, kterziz by geho potrzebowaly.

64. O swatecznich panosy.

Item nema yzadny swatecznich panossy chowaty nezly pisarz krewni.

65. Posel miestsky.

Item possel miesteczky giezny (ne-) ma[4] miety wiecze nezly pol kopi grossow na tiden na dwa konie; a poslowe magi miety rucho polowiczne, aby ot ginych lidy mohly znany[5] byty.

66. O kurewstwy.

Item kdiz by bila v ktereho miestienina hra anebo kurewstwie nalezeno, tehdy ma daty panom pokuty kopu grossow.

62. Der unterſte Schreiber.

Der mindere als Bernſchreiber ſoll 12 Schock Groſchen haben; auch der ſoll um die Kleidung (nicht) mahnen, und auch die übrigen minderen Schreiber; auch dieſe minderen Schreiber können zu Geſchäften gehen; und von dem Kranken ſoll der Schreiber, welcher niederſchreibt, für die Arbeit vier Groſchen haben, und dann ſoll er dieſes Geſchäft dem oberſten Schreiber in die Kanzlei geben, damit dieſer das Siegel zu dieſer Urkunde beidrücke, und dann erſt dieſe neuerlich bei ihm ausgezahlt werde.

63. Vom Blutſchreiber.

Der Blutſchreiber, der ſoll den ganzen Tag über vor dem Gefängnis ſitzen, damit er dort von denen gefunden werden kann, welche ſeiner bedürfen ſollten.

64. Von den Feſtknappen.

Niemand ſoll Feſtknappen halten außer der Blutſchreiber.

65. Der Stadtbote.

Der reitende Stadtbote ſoll (nicht) mehr haben als ½ Schock Groſchen auf die Woche auf zwei Pferde; und die Boten ſollen geteiltes Gewand haben, damit ſie von anderen Leuten unterſchieden [erkannt] werden können.

66. Von Hurerei.

Wenn bei einem Bürger Spiel oder Hurerei gefunden würde, dann ſoll er den Herren als Strafe ein Schock Groſchen geben.

---

[1] nema in Kl, Wi 1, M 1, PU 1, M 2, M 3, M 4, PA.
[2] miestssty in Kl, F 1, M 1, PU 1, M 2, PU 2, M 3, M 4, PA; menssi in Wi 2.
[3] Fehlt in F 2.
[4] nema in allen anderen Handſchriften.
[5] poznani in F 1, M 1, M 2, M 3, M 4, PU 1, PU 2, PA.

IV. Ausgabe.

67. O posslech piessich.

Item poslowe piessy meyssczy¹ magy miety po desieti grossich na tiden.

68. O vrzadiech.

Item nema yzadny gini vrzadow miestskich rozdawaty nez konssele pani².

69. O wodu drzenie.

Item nema yzadny mlinarz wisse wody drzieti nez jakoz gim konssele s prziseznimy mlinarzi wimierzie; pakli by kto wisse drzal, ma panom deset³ kop³ grossow³ dati³.

70. Nema yzadny vrzednikem bity any poslem, ktoz ma obchod giny nebo rzemesslo.

71. O suzenie mlinow gezow.

Nema zadni mlinow a gezow ssudity nez konssele Prazsczi.

72. O suzenie miestienina.

Nema zadny miestienyna suditi nez [nez] konssele Prazssczy, any kral any⁴ knieze⁴ any vrzedniczy ani pany.

73. O stirzech sudiech wy... ⁵

Item kdiz miestienyn zbozie kupie a stirzi ssudy wiwola a rok a den mine bez otpory, a zprawczie windu, tehdy potom wiecze nema o to zbozie yzadnemu otpowiedaty.

67. Von Boten zu Fuß.

Die Stadtboten zu Fuß sollen zehn Groschen auf die Woche haben.

68. Von den Ämtern.

Niemand anderer soll städtische Ämter vergeben als die Ratsherren.

69. Vom Stauen des Wassers.

Kein Müller soll das Wasser höher halten, als es ihnen die Ratmannen mit den geschworenen Müllern ausmessen. Wenn es einer höher halten sollte, soll er den Herren 10 Schock Groschen geben.

70. Niemand soll Amtmann oder Bote sein, der sonst einen Handel oder ein Gewerbe hat.

71. Vom Richten über Mühlen und Wehre.

Niemand soll über Mühlen und Wehre richten als die Prager Ratmannen.

72. Vom Richten über einen Bürger.

Niemand soll über einen Bürger richten als die Prager Ratmannen, weder der König noch ein Fürst noch Beamten noch Herren.

73. Vom Ausrufen durch 4 Gerichte.

Wenn ein Bürger ein Gut kauft, (es durch) vier Gerichte ausrufen läßt, und Jahr und Tag verstreicht ohne Widerspruch, und die Gewährleister ledig werden, dann soll er später nicht mehr um dieses Gut irgend jemandem antworten.

---

[1] miesststy in allen anderen Handschriften.
[2] Fehlt in allen anderen Handschriften.
[3] deset kop dati za tu winu in F 1; dati x kop gr. pokuty in F 2.
[4] Fehlt in Kl, F 1, M 1, PU 1, M 2, PU 2, M 3, M 4, PA.
[5] Kdyz se sbozim prawa vczini, nema odpowiedati wiecze in Wi 1; O kaupenie zbozie in F 2; Kdyz miesstienin o swem sbozy kupenem suudy wydrzy in PA.

74. Richtarz niemecz nema.

Item nema izadni niemecz[1] richtarzem w miestie Prazskem bity; a take nema na vrzadech[2] ani na berniech ssedati.

75. Niemczy na rinku domow nemagi.

Item nema zadny niemecz any[3] czizozemecz[3] na rinku domu kupiti[4], ani gemu toho magi konssele dopusstiti, ale ma kupiti w ossadie niemeczke, genz slowe v Swateho Benedicta.

76. O przesswiedczeny.

Item nema izadni przesswiedczity miestienina o penieze any o nizadne narzknutye nez dwa konssely, czoz gest wiecze[5] pietmezczietma kop grossow.

77. O wzdany zbozie.

Item yzadny miestienin nemoz ssweho zbozie wzdati nez w tom prawie, w kteremz zbozie przilezi, przed[6] cztirzmi ławiczemi; ctirzi ssudy ma wiwolati w rocze a we dni ten, ktoz przigima, a nebudeli otpori w tom rocze, tehda to zbozie ma gemu czisto ostati bez przickazky.

78. Vmrze bez poruczenstwie...

Item kdiz miestienin vmrze nebo miestka bez poruczenstwie, tehdy zbozie geho na nayblizssieho przietele geho na toho, kteriz s miestem trpy ponoczkami y pokutami[7]. budto po meczy

74. Richter soll kein Deutscher sein.

Kein Deutscher soll Richter in der Stadt Prag sein; auch soll er nicht in Ämtern noch an den Bernen sitzen.

75. Deutsche haben auf dem Ring keine Häuser.

Kein Deutscher (oder Fremder) soll auf dem Ring ein Haus kaufen — und dies sollen ihm auch nicht die Ratmannen zulassen —, sondern er soll es kaufen in der deutschen Gemeinde, welche heißt bei St. Benedikt.

76. Vom Überzeugen.

Niemand soll einen Bürger überzeugen wegen einer Geldschuld oder irgend einer Anschuldigung außer zwei Ratmannen, wenn es sich um mehr als 25 Schock Groschen handelt.

77. Von der Auflassung eines Gutes.

Kein Bürger kann sich seines Gutes begeben außer in dem Gericht, in welchem das Gut liegt, vor den vier Bänken; vier Gerichte binnen Jahr und Tag soll der, welcher es übernimmt, ausrufen und, wenn kein Widerspruch in dem Jahre erhoben wird, dann soll das Gut ihm rein verbleiben ohne Hindernis.

78. Stirbt ohne Vermächtnis.

Wenn ein Bürger oder eine Bürgerin ohne Vermächtnis stirbt, dann soll sein Gut an seinen nächsten Blutsfreund, an den, welcher mit der Stadt durch Nachtwachen und Umlagen

---

[1] puhy niemecz (rein Deutscher) in allen anderen Handschriften.
[2] zadnych in PU 2.
[3] Fehlt in allen anderen Handschriften.
[4] mieti nebo kupiti in F 1.
[5] wysse (höher) in allen anderen Handschriften.
[6] Fehlt in Wi 2; a in F 2; mezi in den anderen Handschriften außer Wi 1.
[7] y poplatky in Kl, M 1, F 1, PU 1, M 2, M 3, M 4, PA; y ginimi poplatky in PU 2.

IV. Ausgabe.

anebo po¹ wrzetenie¹, spadnuti² ma²; pakli by yzadny przietel nebil, tehdy dwie czessty z geho zbozie sslussieta na krale a trzetie czesst na geho zenu.

79. O dokonany kssefftu.

Item kdiz miestienin vmrze kssefft vezinie, a nebude ly dokonan a zapeczetien w sessty nedielech ot toho dne, kteriz gest vmrzel ten miestienyn, tehdy ten kssafft moczi nema.

80. O dielu synu.
Item kdiz by miestienyn vmrzel bez poruczenstwie, dada sinu swemu diel anebo dezerzy, a gine by diety ostali neoddieleni, pak chtiel li by ten sin odbit mieti diel z dietmi neodbitimi, tehda ma polozity to wsse, czoz gesti prwe wzal, a pak potom bude sse prawie dieliti ss ginimi dietmi.

81. Proty kssefftu mluwiti.
Item miel[ly] li by kto³ mluwiti⁴ proti kssafftu anebo proti zbozi tomu, tehdy w ssesti nedielech ma napomanuti; pakli by nenapomanul w tiech ssesty nedielech, tehda porueczniczy nemagi moczy otpowiedati az do ssirotczich let.

82. Do gineho prawa.
Item kdiz by sin wezma sswoy diel ot otcze ssweho y bral sse do gineho prawa a bil tam rok a den bidlem,

[Bern, Losung] leidet, sei es nach dem Schwert oder nach der Spindel, fallen; wenn kein Blutsfreund da wäre, dann sollen zwei Teile von seinem Gut dem König gehören und der dritte Teil seiner Gattin.

79. Von der Vollendung des Geschäftes.

Wenn der Bürger im Sterben ist und ein Geschäft macht, und sollte es nicht binnen sechs Wochen von dem Tage, an dem der Bürger gestorben ist, beendet und gesiegelt sein, dann hat dieses Geschäft keine Kraft.

80. Vom Sohnesteil.
Wenn ein Bürger ohne Vermächtnis gestorben wäre, nachdem er seinem Sohn oder (seiner) Tochter einen Teil gegeben hat, und wären noch andere unabgeteilte Kinder übrig geblieben, wollte nun der abgefertigte Sohn einen Teil mit den nichtabgefertigten Kindern haben, dann soll er alles das erlegen, was er zuerst genommen hat, und dann erst wird er mit den anderen Kindern richtig teilen.

81. Gegen das Geschäft reden.
Hätte jemand etwas gegen das Geschäft oder gegen das Gut zu reden, dann soll er es binnen sechs Wochen vorbringen; wenn er es nicht in diesen sechs Wochen vorbringen würde, dann haben die Vormünder nicht die Macht zu antworten bis zu den Waisenjahren.

82. In ein fremdes Gericht.
Wenn ein Sohn seinen Teil von seinem Vater genommen hätte, sich in ein fremdes Gericht begeben würde

---

¹ ginu wieczy in F 2.
² slussie in Kl, F 1, M 1, PU 1, M 2, PU 2, M 3, M 4, PA.
³ kto czo in Wi 1, Wi 2, F 1, M 1, M 2, M 3, M 4, PU 2, PA.
⁴ czo mluwiti in den anderen Handschriften.

tehda napady y wssechna sswa prawa strati, proto ze przissedy w ginem prawie a s nimi trpy.

83. Sswemu sinu miestienin...
Miestienin sswemu sinu moz daty czo chcze za geho diel, a sin ani dczera nemagi otcze z wiecze vpominati w Prazsskem[1] prawie.

84. O dietech let nemagicz.

Item kdiz dieti nemagicze gestie let zralich[2] zemru, tehda nema gity napad na materz, ale z dietiete na dietie; pakly by wssechny dieti zemrzely, tehdy na naiblizssieho przietele ma spadnuti ten wesskeren statek, kteriz s miestem trpy.

85. O vteczenie z miesta.
Item kdiz by miestienyn z miesta vtekl pro zradu anebo pro walki a ss obczi nechtiel ostatie w miesteczke potrzebie, nema wiecz do miesta biti przigiat, nez ma poczet vezinity ze wssieho sweho zbozie, a prodada wedle miesteczkeho prawa w rocze a we dni ma sse pricz brati.

86. Kniez, mnich, geptiska.
Zadni kniez any mnich ani geptiska nema porucznikem biti ani yzadni czlowiek, kteriz gest w duchownich sudiech vrzednikem, any ten zadny, kterizz gest pisarzem miesteczkim w starem miestie Prazskem.

83. Der Bürger seinem Sohn.
Ein Bürger kann seinem Sohn geben, was er will, als seinen Teil, und der Sohn oder die Tochter sollen den Vater nicht um mehr mahnen im Prager Recht [Gericht].

84. Von Kindern, die noch nicht bei ihren Jahren sind.
Wenn Kinder, welche noch nicht die Jahre der Reife (erreicht) haben, sterben, dann soll der Anfall nicht an die Mutter gehen, sondern von einem Kind auf ein Kind; wenn alle Kinder gestorben wären, dann soll dieser gesamte Besitz an den nächsten Blutsfreund fallen, welcher mit der Stadt leidet.

85. Vom Fliehen aus der Stadt.
Wenn ein Bürger verräterischerweise oder wegen Krieges aus der Stadt fliehen würde und mit der Gemeinde nicht ausharren wollte in der Stadt Notdurft, dann soll er nicht mehr in die Stadt aufgenommen werden, sondern er soll von seinem ganzen Gut Rechnung legen, es nach Stadtrecht binnen Jahr und Tag verkaufen und davon ziehen.

86. Priester, Mönch, Nonne.
Kein Priester oder Mönch oder Nonne soll Vormund sein noch irgend ein Mann, der in geistlichen Gerichten Amtmann ist, noch auch einer, der Stadtschreiber ist in der Altstadt Prag.

und dort Jahr und Tag wohnhaft wäre, dann verliert er Anfälle und alle seine Rechte, weil er in einem anderen Gericht sitzt und mit jenen leidet.

---

[1] kazdem in PA.
[2] dospielich in PU 2; fehlt in den anderen Handschriften.

IV. Ausgabe.

87. Miestienin moz swe dati.

Item miestienin moz sswe zbozie dati nebo poruczyti (ne-)mowite¹ budto miestieninu nebo hosti, swieczkemu czlowieku kromie duchownich lidy a pisarze miestczkeho.

88. O widani.

Item kdiz miestienin wida swu dezeru w gine prawo s gegim dielem, tehda nema napadu gmieti swimi bratrzimi a sestrami po smrti ssweho otcze, lecz bi gie czo otecz przed smrti kssafftem otkazal².

89. O dietech let doy...

Item kdiz by dieti let dogducze y bily napomanuti o dluhu otczowu a nechtieli by o tom nicz wiedieti, tehdy veziniecz prawo na krzizy magi toho prazdny biti.

90. Mnichu nema nicz.

Nema izadni miestienyn any miestka sinu swemu mnichu³ neb geptistcze platow diedicznich wiecznich⁴ kupowati a zapissowaty, nez do ziwota a po gich smrti⁵, abi spadlo na bratrzi pribuznu aneb na przateli przibuzne nayblizssie.

87. Der Bürger kann sein (Gut) geben.

Der Bürger kann sein (un)bewegliches Gut geben oder vermachen sei es einem Bürger oder einem Gast, jedoch nur einer weltlichen Person, nicht aber geistlichen Personen und einem städtischen Schreiber.

88. Von der Ausheiratung.

Wenn ein Bürger seine Tochter in ein anderes Gericht ausheiratet mit ihrem Anteil, dann soll sie keinen Anfall haben mit ihren Brüdern und Schwestern nach dem Tode ihres Vaters, es wäre denn, daß ihr etwas der Vater vor dem Tode durch ein Geschäft zugewiesen hätte.

89. Von den Kindern, die ihre Jahre erreichen.

Wenn die Kinder ihre Jahre erreichen, um eine väterliche Schuld gemahnt würden und davon nichts wissen wollten, dann sollen sie, wenn sie ihr Recht [Eid] am Kreuze tun, davon frei sein.

90. Nichts soll er einem Mönch.

Kein Bürger oder Bürgerin soll seinem Sohne, der (Priester oder) Mönch ist, oder (einer) Nonne ewige Erbzinse kaufen und verschreiben, sondern bloß auf Lebenszeit und so, damit es nach deren Tode an die verbundene Bruderschaft [Blutsbrüder] oder an die verbundenen Freunde [Blutsfreunde] falle.

---

¹ mowite y nemowite in F 2; nemowite in den anderen Handschriften (einige menovité).
² odkazal a poruczil in F 2.
³ kniezi (nebo) mnichu in den anderen Handschriften.
⁴ Fehlt in Wi 2, F 2.
⁵ ziwotiech in Kl, Wi 2, M 1, F 1, PU 1, M 2, M 3, M 4, PA.

91. O kssafftu swe zenie.

Item kdiz by miestienin kssafft vczinil, tehda ma sswe zenie w tom kssafftu otkazati, czoz chcze; pakli by nicz neotkazal, tehdy ten kssefft ffalesny gest a moczy nema.

92. Item nema zadni miestienin ani miestka caplansstwie stwrzeneho nadati, nez abi[1] to[1] mohla[1] zmienyti[1] a[1] ginak[1] nicz[1] nez[1] do sswe wuole.

93. Miestienin moz kssefft vcziniti.

Miestienin Prazski muozz sswoy kssefft vcziniti w ginem prawie[2] tu, kdez gey nemocz zastihne aneb potrzeba, pod peczeti toho[3] wladarze[3] sbozie aneb tiech kmetow.

94. O wstupeni do raddi.

Item wsstupi li miestienin do raddi a nebude wiediety, procz by bil obesslan, a pride nan zaloba protiwna, tehdy ma gemu rok dan bity do trzetieho dne, abi mohl s przateli przigiti.

95. O lani miestienynu.

Item kdiz miestienyn miestieninu lage pro penieze prwe[4] prawem pohrdage, tehdy ma panom pol sedmi kop: dati.

96. O narczeni miestienina.

Item kdiz by miestienyn bil narczen aneb take y miestka kteruz koly wiecz a s gistinu nebil polapen, bud

91. Vom Geschäft für seine Frau.

Wenn ein Bürger ein Geschäft machte, dann soll er seiner Frau in diesem Geschäft zuweisen, was er will; wenn er ihr nichts zuweisen würde, dann ist dieses Geschäft falsch und hat keine Kraft.

92. Kein Bürger oder Bürgerin soll eine bestätigte Kaplanei begaben, sondern bloß so, daß er sie ändern kann, und sonst nur nach seinem Willen [d. i. auf Widerruf].

93. Ein Bürger kann ein Geschäft machen.

Ein Prager Bürger kann sein Geschäft in einem anderen Gericht machen da, wo ihn Krankheit trifft oder eine Notlage, unter dem Siegel dieses Gutsvogtes oder dieser Schöffen.

94. Vom Eintreten in den Rat.

Wenn ein Bürger in den Rat träte und nicht wüßte, warum er geladen sei, und kommt nun gegen ihn eine gegnerische Klage, dann soll ihm eine Frist gegeben werden bis zum dritten Tage, damit er mit Freunden kommen könne.

95. Von der Schmähung eines Bürgers.

Wenn ein Bürger einen anderen wegen einer Geldschuld beschimpft, zuvor das Recht [Gericht] verschmähend, dann soll er den Herren siebenthalb [6½] Schock geben.

96. Von der Beschuldigung eines Bürgers.

Wenn ein Bürger oder auch eine Bürgerin wegen welcher Sache immer beschuldigt würde und auf frischer

---

[1] ma gey mieti in Wi 1; moz dati in M 1; manualnie in den anderen Handschriften.
[2] miestie aneb w prawie in F 2.
[3] wladarze toho in allen anderen Handschriften außer Wi 1.
[4] a prwe in allen anderen Handschriften außer Wi 1.

IV. Ausgabe.

to o wrazdu aneb o zlodeysstwie[1], tehdy gest ten kazdy blizy sswe czty hagiti prawem nez by gey kto giny przesswiedczil kromie konsselow.

97. O prziesswiedczeny[2].

Dwa przisezna mata mocz o pietmezczietma kop swiedczity a nize s prosbi obu stranu; pakly gesst ten dluznik rzekl, ze gemu[3] ty penieze zaplatil, tehdy ma sam trzety przissieczy za ti penieze przies gich wiswiedczenie.

98. O narczenie o zbozie[4].

Kdiz by miestienin bil narczen, ze by zbozie kupil a ginemu we dczky wlozil pro bernie, a toho by zaprzel, a prziznati ssie nechtiel, a dowodu by nan yzadneho nebilo ani swiedomie, a wierziti by gemu wzdy obecz nechtiela, tehdy konsele magi sud osaditi a obecz swolati, potom ten kohoz sse dotícze, ma klekna przissieczy na bozich mukach w tom ssudie a rzeczy tak, ze gsu geho to penieze nikdy nebily, za kterez penieze to zbozie gest kupeno.

99. O passu strziebrnem.

Item jzadny miestienin nema mieti drazssieho passu strziebrneho nez o dwu hrzywnu a zena geho o gedne hrziwnie.

Tat nicht betreten worden wäre, es sei wegen eines Mordes oder wegen eines Diebstahls, dann ist jeder näher, seine Ehre vor Gericht zu verteidigen, als daß ihn ein anderer überzeugen könnte, ausgenommen die Ratmannen.

97. Von der Überzeugung.

Zwei Geschworene haben die Macht, um 25 Schock und weniger über Bitte beider Parteien Zeugenschaft abzulegen. Wenn der Schuldner behauptet hat, daß er ihm das Geld bezahlt hat, dann soll er selbdritt wegen dieses Geldes gegen ihr Zeugnis schwören.

98. Von der Beschuldigung um ein Gut.

Wenn ein Bürger beschuldigt wäre, daß er ein Gut gekauft habe und einem anderen in die Tafeln für die Steuer eingelegt hätte, wenn er dies leugnete und sich nicht dazu bekennen wollte, wenn ferner gegen ihn kein Beweis vorläge, auch kein Zeugnis, und wenn die Gemeinde ihm durchaus nicht glauben wollte, dann sollen die Ratmannen ein Gericht niedersetzen und die Gemeinde laden, und dann soll der, den es betrifft, knieend bei den Wunden Gottes in dem Gericht schwören und erklären wie folgt: daß das Geld nie seines war, für welches Geld das Gut gekauft wurde.

99. Vom silbernen Gürtel.

Kein Bürger soll einen teureren silbernen Gürtel haben als um zwei Mark und seine Frau um eine Mark.

---

[1] czyzolozstwie in Wi 1, F 2, M 2, P U 2, M 3, M 4; cizolożstvie nebo o zlodejstvie in Kl.

[2] O dluhu, kolik ma swiedkuow byti in Wi 1; O przisezných in F 2; Swiedeczstwye dwu przisezných o penyeze in PA.

[3] gest in allen anderen Handschriften.

[4] Kdyz by miesstienin narczen byl o swobodne sbozie in Wi 1; O narczenye miesstienina, kteryz by sbozye kupil a ginemu we dczsky wlozil in PA.

100. O stawenie zemenina.

Miestienin moz zemenina stawiti o ztrawne peniezie az do pieti kop, acz y vssedly k zemi gest.

101. O zwany hosty.

Item kdiz miestienin zwowe hosti, nema gim dati wiecze krmy nez cztirzy krmie k wobiedu a trzy[1] k weczerzy[2].

102. O swatbie.

Item kdiz miestienin swatbu ma, tehda nema miety wiecze hosty nez miestienynow o geden sstol a pany o druhy.

103. O zachowani list.

Item kto chcze miestienynem bity, ten ma list sweho zachowanie przinessty, a potom pwol kopy a ctirzy grossie daty a potom rok sswobodnie ssedieti a wiecz[3,4] potom[4] s miestem trpiety; a za to ma rukoimie zastawity, aby trzi leta s miestem trpiel, a potom by sse bral kam by chtiel, acz bi mu sse nelibilo wiecze w miestie bity; awsak miel li by ktere zbozie nemowite, jakozto domy, diedini, plati, tehda take w tom rocze[5] ma s toho platiti.

104. O vrzady.

Item miesto Prazsske magi sami wsseczky vrzady sprawowati, kterzizto vrzadowe miesta sse dotikagi, jakozto vngelt, trh owoczni, trh solni, trh

100. Von der Besetzung eines Landmannes.

Ein Bürger kann einen Landmann anhalten um Kostgeld bis zu 5 Schock, wenn er auch zum Lande ansässig ist.

101. Von der Ladung von Gästen.

Wenn ein Bürger Gäste einlädt, soll er ihnen nicht mehr Gerichte geben als vier Gerichte zum Mittagmahl und drei zum Abendmahl.

102. Von der Hochzeit.

Wenn ein Bürger Hochzeit hat, dann soll er nicht mehr Gäste haben als Bürger um einen Tisch und Herren um einen zweiten.

103. Die Urkunde über das Verhalten.

Wer Bürger sein will, der soll eine Urkunde seines Verhaltens bringen, dann ein halbes Schock und 4 Groschen geben, dann ein Jahr frei sitzen, und dann weiterhin (zwei Jahre) mit der Stadt leiden; und dafür soll er Bürgen stellen, daß er drei Jahre mit der Stadt leiden und dann erst sich wenden würde, wohin er will, wenn es ihm in der Stadt zu sein nicht mehr gefallen würde; hat er aber irgendein unbewegliches Gut, wie Häuser, Grundstücke, Renten, dann soll er auch in dem (ersten) Jahre davon zahlen.

104. Von den Ämtern.

Die Stadt Prag soll selbst alle Ämter verwalten, welche Ämter die Stadt betreffen, wie das Ungeld, den Obstmarkt, den Salzmarkt, den Schrot-

---

[1] cztirzi in PU 1, PU 2, M 4.
[2] Folgt noch pod pokutu sedmi kop in F 1.
[3] dwie in Wi 2, F 1, PU 1, PA; dwie letie in M 2, PU 2, M 3, M 4; dvě neděly in Kl; fehlt in M 1.
[4] Fehlt in F 2.
[5] rocze prwniem in den anderen Handschriften, außer Wi 1, Wi 2, F 2.

ssrotky[1], trh chmelowy. trh masni na frimarku, trh wageczni, trh obilni, trh vhelni, trh ziwich rib y tunnich, trh drewni, trh prkenni y wsechna trzna w miestie, kteraz gsu, a take trzna wssiechna, kteraz w jarmarky beru.

markt, den Hopfenmarkt, den Fleischmarkt am Freimarkt, den Eiermarkt, den Getreidemarkt, den Kohlmarkt, den Markt mit lebenden und Tonnenfischen, den Holzmarkt, den Brettermarkt und alle Marktgelder in der Stadt, welche es gibt, und auch alle Marktgelder, welche an den Jahrmärkten eingehoben werden.

105. O richtarzsstwy.

Miesto stare Prazske magi sami richtarzsstwie ssprawowati a drziety, a ssweho miestienina magi richtarzem vczinity, czlowieka dobrzie zachowaleho a vssedleho.

105. Vom Richteramt.

Die Altstadt Prag soll selbst das Richteramt verwalten und halten, und einen ihrer Bürger sollen sie zum Richter machen, einen wohlverhaltenen und angesessenen Mann.

106. O pomoczy danie.

Item miesto Prazske nema izadne pomoczy lidem dati kromie toho, kdiz by giezda bila na[2] niemcze[2] nebo[3] na[4] meze[4], tehda magi dati desset helmow a piet wozow.

106. Vom Hilfeleisten.

Die Stadt Prag soll keine Hilfe mit Volk leisten außer den Fall, wenn eine Fahrt gegen die Deutschen oder an die Grenze gehen sollte; dann sollen sie 10 Helme und 5 Wagen beistellen.

107. O posselsstwie diety kraly.

Item nema yzadni gini posselstwie dieti obecznieho krali y[5] k[5] obczy[5] nezly konssele; a take ten, ktoz by ot obcze k consselom mluwil, nema v posselsstwie kraly giety.

107. Vom Ausrichten einer Botschaft an den König.

Es soll kein anderer eine Botschaft der Gemeinde dem König ausrichten und (wieder zurück) der Gemeinde als die Ratmannen; und auch der, welcher von der Gemeinde zu den Ratmannen spricht, soll nicht in einer Botschaft zum König reiten.

108. O poczty vpominanie.

Item miesto Prazske stare nema bity ot kralow z nizadnich poczty vpominano nez z noweho letha.

108. Von der Mahnung um ein Ehrengeschenk.

Die Altstadt Prag soll von den Königen um keine Ehrengeschenke gemahnt werden außer zu Neujahr.

---

[1] ssrotku in Kl, Wi 2, M 1, F 1; syrny in PU 1, F 2; sstrotky in M 2; ssrotny in PU 2.
[2] Fehlt in M 1, F 1, PU 2, M 3, M 4, PA.
[3] Fehlt in Kl, M 1, F 1, PU 1, M 2, PU 2, M 3, M 4, PA.
[4] Fehlt in Kl, PU 1, M 2; na mezy in F 1; na pomezi in PU 2; na meze vel na pomezie in M 4.
[5] Fehlt in F 2.

IV. Ausgabe.

109. O berny kraly.

Item miesto Prazske nema yzadnich bernich dawati kromie¹ toho, kdiz by giezda na niemcze² bila.

110. O zdielani domv.

Item kazdy sused moze dielaty sswoy dom, jakoz sse gemu nailepe libi kromie druheho susseda skody; awssak druhemu ssussedu muoze sswietlo zahradity, kdiz druhy ssused listow na to nema, ale wodu gemu skoditi nema; pakli by chtiel dol³ dielati, tehda sse ma ot ssuseda ot geho zdy pol druheho lokte otmierzity a potom dielati, czoz gemu bude potrzebie; pakli by przes swu mezy na geho diela sahl, tehda ma panom pol sedmi kopi daty.

111. W kunach.

Izadni rzemeslnik any rzemeslnicze nemagi chodity w kunach any w popelicziech, nez miestiene a zemane, kterziz magi sswa zbozie na platech a⁴ na diedinach.

112. Izadny rzemeslnik nemagy chodity w sstrzihanem russe ani geho pacholczi.

113. O dwu rzemesslu.

Izadni rzemeslnik nema dwu rzemeslu⁵ dielati nez gedno, aby druhemu rzemesslu neprziekazel.

109. Von der Bern für den König.

Die Stadt Prag soll keine Bernen geben, ausgenommen, wenn eine Fahrt gegen die Deutschen stattfände.

110. Vom Bauen eines Hauses.

Jeder Nachbar kann sein Haus bauen, wie es ihm am besten gefällt, ohne des andern Nachbarn Schaden; aber er kann dem anderen Nachbarn das Licht vermauern, wenn der andere Nachbar keine Briefe darauf hat, aber am Wasser soll er ihm nicht schaden; wenn er eine Grube machen wollte, dann soll man vom Nachbarn, von seiner Mauer [von des Nachbarn Mauer] eine und eine halbe Elle abmessen und dann machen, was ihm wird nottun; wenn er über seine Grenze auf dessen Werke hinüber greifen würde, dann soll er den Herren siebenthalb [6½] Schock geben.

111. Im Marderpelz.

Kein Handwerksmann und keine Handwerksfrau sollen in Marder- oder Murmeltierpelzwerk einhergehen, sondern nur Bürger und Landleute, welche ihr Gut in Renten und in Grundstücken haben.

112. Kein Handwerker soll einhergehen in geschorenem Gewande [Gewande aus geschorenem Tuch] noch seine Knechte.

113. Von zwei Handwerken.

Kein Handwerker soll zwei Handwerke betreiben, sondern nur eines, damit er dem anderen Handwerk nicht hinderlich sei.

---

¹ kromie zemske bernie a kromie in Kl, M 1, F 1, PU 1, M 2, PU 2, M 3, M 4, PA; nez zemsku berny (die Landesbern) a kromie in Wi 2, F 2.

² na pomezie in PU 2, M 3, M 4; na meze in PA.

³ duom in F 2, PU 2.

⁴ anebo (oder) in allen anderen Handschriften außer Wi 1.

⁵ dyelu nebo rzemeslu in Wi 2; dielu in F 2.

IV. Ausgabe.

114. O rzemeslniku, kdiz chcze ssiesti.

Kd z chcze rzemeslnik mistrem ssiesti, ma naiprwe sswe rzemesslo vkazaty a cztyrzy grosse za czber pywa daty do[1] bratrsstwa[1], a[1] czechmistrom[1] wierdunk[1] k[1] wodieny[1], a k tomu gross na kazde ssuche dny; a gineho obtiezenie ma prazden bity.

115. O zidech.

Izadny zid nema w sswem russe chodity ss woboykem nez ss wozidlim; pakli by bil nalezen w ruchu ss woboikem, tehdy to rucho ma na richtarzie spadnuty.

116. Na kostelnie.

Item zid nema poiczity peniez na yzadne klenoty[2] kostelnie, budto na kniehy, na kalichi anebo na ornaty anebo na kterezkolywiek klenoty kosstelnie.

117. Zid krzestianv na zaklad.

Item kdiz by zid krziesstianu na zaklad peniez poiczil, ma gemu zid daty listek a ssobie druhy, a na tiech listkach ma byty napsana summa tiech peniez poiczenich; pakly zid listku neda, tehdy ty penieze poiczene sstraty; pakli by zid wiecze poczetl, nez gest poiczil, tehda ma hrdlo stratiti a geho zbozie ma na krale spadnuti; pakli by krziestian nechtiel wziety listku, tehdy tiem nebude zid winen.

114. Vom Handwerker, wenn er sich niederlassen will.

Wenn ein Handwerker sich als Meister niederlassen will, soll er zuerst sein Handwerk beweisen und vier Groschen für einen Zuber Bier in die Bruderschaft geben und den Zechenmeistern einen Vierdunk zum Rüstzeug und dazu einen Groschen jedesmal zu den Fronfasten; und von anderer Belastung soll er frei sein.

115. Von den Juden.

Kein Jude soll in seinem Gewande einhergehen mit einer Halskrause, sondern mit einem Bande. Würde er in einem Gewande mit Halskrause gefunden, dann soll dieses Gewand an den Richter fallen.

116. Auf Kirchengeräte.

Ein Jude soll nicht Geld borgen auf irgendwelche kirchliche Kleinodien, sei es auf Bücher, auf Kelche, oder auf Ornate oder auf was immer für kirchliche Kleinodien.

117. Ein Jude einem Christen auf Faustpfand.

Wenn ein Jude einem Christen auf ein Faustpfand Geld borgte, so soll ihm der Jude einen Zettel ausstellen und sich selbst einen zweiten und auf diesen Zetteln soll aufgeschrieben sein die Summe dieses geborgten Geldes; wenn nun der Jude den Zettel nicht ausstellt, dann verliert er das geborgte Geld; wenn der Jude mehr rechnete, als er geborgt hat, dann soll er den Hals verlieren und sein Gut soll an den König fallen; wenn der Christ den Zettel nicht nehmen wollte, dann wird hiedurch der Jude nicht schuldig sein.

---

[1] mezy thowarzisse a czechmistry in F 2.
[2] základy anebo klenoty in Kl.

118. Zid na kradenu.

Item kdiz by zid na kradenu wiecz peniez poiczil, a ptali[1] li[1] by[1], a[1] zid[1] by[1] zaprziel toho, a potom ta wiecz v nieho nalezena bila, tehdy to ma darmo wratiti.

119. O czizolozstwy popadenem.

Item kdiz by bil manzel neb manzelka w czizolozsstwy popadeny, magi[2] na pranerzy hodinu sstati; a potom obiema czelo ma prozzeno bity a potom sse magi s richtarzem o geho prawo vmluwity[3].

120. Kupecz s swu kupy nema[4].

Item yzadni kupecz dele s swu kupi nema v Praze lezety nezly ctirzy dny, a pati den dada vngelt a czla moze skrze miesto giety nerozwazuge zbozie; pakly chcze to zbozie v Praze prodaty, tehda geho nema rozwazaty, ale ma k tomu prwe wziety pissarze z ungelta a z[5] hanzkraffa[6]; pak ma to zbozie we cztrnasty dnech prodaty[7] a czoz by po strnassty dnech ostalo, to ma do naiblizssieho jarmarku chowati nebo[8] lezieti[8] nechati[8]; a toho

118. Ein Jude auf eine gestohlene (Sache).

Wenn ein Jude auf eine gestohlene Sache Geld borgte, wenn man fragte, der Jude dies ableugnete, und nachher die Sache doch bei ihm gefunden würde, dann soll er dies ohne Entgelt zurückstellen.

119. Vom ertappten Ehebruch.

Wenn ein Ehemann oder eine Ehefrau beim Ehebruch ertappt würden, sollen sie am Pranger eine Stunde stehen; und dann [das nächste Mal] soll beiden die Stirne gebrandmarkt werden, und dann sollen sie sich mit dem Richter um sein Recht bereden.

120. Der Kaufmann soll mit seiner Ware nicht.

Kein Kaufmann soll länger mit seinem Kaufmannsgut in Prag liegen als vier Tage, und den fünften Tag soll er Ungeld und Zoll geben und kann dann durch die Stadt fahren, ohne seine Ware aufzubinden; wenn er das Gut in Prag verkaufen will, dann soll er es nicht (eher) aufbinden, sondern soll dazu zuerst nehmen den Ungeldschreiber und den Hansgrafen; dann soll er das Gut binnen 14 Tagen verkaufen, und was nach 14 Tagen

---

[1] ptal li by a zid by in Kl, Wi 2, F 1, M 1, PU 1, M 2, PU 2, M 3, PA; fehlt in F 2.

[2] tehdy ti popadeni magi in den anderen Handschriften außer Wi 1, Wi 2, F 2.

[3] Folgt noch: pakli trzetie budu popadeni tyz czyzolozniczy, tehda gim magi oczi wylupiti a wen z miesta wyhnati in PU 2, M 3, M 4, PA; in F 2 folgt bloß: a wen z miesta wypowiedieni byti.

[4] Tuto sú řádové kupecství in Kl; Kupecz kolyko dny ma s swu kupi v Praze lezeti in Wi 1; O kupczich in F 2; Rzaad kupeczky in M 1; Tito ržadowee gsu kupeczssty in M 2; Rzadowee kupeczssty z ginych zemy in PA.

[5] Fehlt in allen anderen Handschriften.

[6] halzgraffa in Kl, F 1, PU 2, PA; hanzkrafa in Wi 2; halzgrafa in F 1, M 1, M 4; hanzkraffa in F 2; habgraffa in PU 1; halzgrafu in M 3.

[7] ostalé prodati in Kl.

[8] Fehlt in F 2.

zbozie (nema)¹ host¹ v hostie kupowati, alle magi kupowati miestiene v hosty; a take miestienin yzadni nema sswich hosty ffidrowaty² ani ginich ani s nymy spolkow miety³; a take nema ginde nikdiez ssklad bity kupiem, kterez z ginich zemy gdu, nezly v Praze; pakli by kde g_nde bilo nalezeno, tehdy toho may⁴ daty kraly polowiczi a miestu staremu polowiczi.

121. O chmely prziwezeny.

Item kdiz by host chmel prziwezl a neprodal by geho trziety den, moze gey pricz wezty.⁵

122. Item kdiz by kto czizie zbozie prodal miesto sweho, ma hrdlo sstratity.

123. W rzemesle.
Item w kazdem rzemessle a obchodu mata dwa przisezna bity, abi to ohledowali, aby sse obczy sprawedliwost dala.

124. O bielem pywu.
Item pywo biele⁶ czizie nema bity drazie schenkowano nez jako gine pywo mlade Prazske.

125. O zidowskem winie.
Item kdiz by zide sobie vino prziwezly z ginich zemi⁷, tehdy magy

noch übrig bliebe, das soll er bis zum nächsten Jahrmarkt aufheben oder liegen lassen; und dieses Gut (soll nicht) ein Gast bei einem Gast kaufen, sondern es sollen es Bürger bei den Gästen kaufen; auch soll kein Bürger seine oder andere Gäste fördern noch mit ihnen Gesellschaften haben; auch soll nirgendwo anders eine Niederlage sein an Kaufmannsgut, welches aus anderen Landen kommt, als in Prag; wenn irgend wo anders eine gefunden würde, dann soll man davon dem König die Hälfte geben und der Altstadt die (andere) Hälfte.

121. Von dem Zuführen von Hopfen.
Wenn ein Gast Hopfen zugeführt und ihn den dritten Tag nicht verkauft hätte, so kann er ihn wegführen.

122. Wenn jemand fremdes Gut statt seines eigenen verkaufte, soll er den Hals verlieren.

123. Im Handwerk.
In jedem Handwerk und Handel sollen zwei Geschworene sein, damit sie darauf sehen, daß der Gemeinde Gerechtigkeit gegeben werde.

124. Vom weißen Bier.
Fremdes Weißbier soll nicht teurer ausgeschenkt werden als anderes Prager Jungbier.

125. Vom jüdischen Wein.
Wenn die Juden sich Wein aus andern Ländern zuführten, dann sollen

---

¹ nema host in allen anderen Handschriften.
² ffedrowati neb zastawiti in M 2; fedrowati in Wi 1, PU 2, PA.
³ mieti ani sami czo v nich kupowati in PU 2, M 3, M 4, PA.
⁴ magi in allen anderen Handschriften.
⁵ Folgt noch wyczle gey prwe in F 2.
⁶ mladé bielé in Kl; biele hostinske a in PU 2.
⁷ měst in Kl.

daty panom¹ puol kopi grossow ot dreilinku a ot ſſudru pietasstirzidczety grossow, a tiech peniez ma giti trzetina na² purgmistra²; a toho vina nemagi zide ssenkowaty krziestianom, gedno samy sobie pod straczenim toho vina.

126. O Swiednieczkem pywu.
Item nema jzadni Swiedniczkeho pywa sschenkowati nez samo miesto w gednom domu.

127³. Item wsseczka wina zemska, kteraz ssie rodie dale trzy mil okolo Prahy, magi senkowana bity az do noweho leta; a potom nemagi senkowana byty any wezena do Prahy az do sswateho Girzie.

128. Wina z ginich zemy przywezena.
Item vina czizie z ginich zemy prziwezena, ta nemagy schenkowana bity nez⁴ do swatého Hawla any ssem magi wezena bity pod straczenym toho wina, kterez⁵ by⁵ przywezeno⁵ bilo⁵; ale wina tiezka, totizto Malwazie Romanie Wlasske Rywola, ty⁶ magi⁶ schenkowana⁶ bity⁶; a ta vina magi conssely posazena bity, po czem magi byty ssenkowana. Ta wsseczka wina tiezka y wseczka wina lechka z ginich zemy przywezena nemagi naczinana

ſie den Herren geben ½ Schock Groſchen vom Dreiling und vom Fuder 45 Groſchen, und ⅓ dieſes Geldes ſoll an den Bürgermeiſter gelangen; und von dieſem Wein ſollen die Juden nicht den Chriſten ausſchenken, ſondern nur allein unter ſich bei Verluſt dieſes Weines.

126. Vom Schweidnitzer Bier.
Niemand ſoll Schweidnitzer Bier ausſchenken außer allein die Stadt in einem Hauſe.

127. Alle Landesweine, welche weiter als 3 Meilen um Prag gedeihen, ſollen ausgeſchenkt werden bis zu Neujahr; und dann ſollen ſie weder ausgeſchenkt noch nach Prag geführt werden bis zum hl. Georg.

128. Aus anderen Ländern zugeführte Weine.
Fremde Weine, die aus anderen Ländern zugeführt werden, die ſollen nur (von St. Georgi) bis St. Galli ausgeſchenkt und hieher geführt werden bei Verluſt dieſes Weines, welcher zugeführt würde; aber ſchwere Weine, wie Malwaſier, Römiſcher, Wälſcher und Rywola, die ſollen ausgeſchenkt werden. Und dieſe Weine ſollen von den Ratmannen angeſetzt werden, zu wie viel ſie ausgeſchenkt werden ſollen. Alle dieſe ſchweren Weine und alle

---

¹ právo in Kl, F 1, M 1, PU 1.
² na pergmeistra in Wi 1; na purgmistra a na conssely in F 1; na perkmaystra in F 2; na pergmistra in M 1, PA; pergmistru in M 2.
³ Zemske wino in F 2; Leta od narozenie Syna Bozieho po tisyczy po trzech stech po padesati prwnieho (1351) Carel cziesarz Rzymsky a kral Czesky tiechto kusow gest potwrdil in Kl, Wi 1 (nachgetragen), PU 1 (verderbt), M 2, PU 2, M 3, M 4, PA; in Wi 1 folgt noch: Dokud ma wino ssenkowano byti; in PA folgt noch: Wina zemskaa dokud magy w Praze byti ssenkowana.
⁴ nez po swatem Girzy az in allen anderen Handſchriften außer Wi 1, Wi 2, F 2.
⁵ Fehlt in F 2.
⁶ Fehlt in F 2.

byty, nez po czemz purgmistr sse dwiema konsseloma possady; a k tomu ssudu, w kteremz gest to vino, ma listek przilepen bity s purgmistrowu pecziety a na tom listku ma bity napsano, po czem gest vino naczato; a ta wina czizie, kteraz ostanu po sswatem Hawlu, ta nemagy sschenkowana bity, geliz po sswietiem Girzy pod straczenym toho wina.

leichten Weine, die aus anderen Ländern zugeführt werden, sollen nicht verzapft werden, als zu wieviel der Bürgermeister mit zwei Ratmannen festsetzt; und dem Fasse, in dem dieser Wein ist, soll ein Zettel angeklebt werden mit dem Siegel des Bürgermeisters, und auf dem Zettel soll aufgeschrieben sein, um wieviel dieser Wein verzapft ist; und die fremden Weine, welche übrig bleiben nach St. Galli, die sollen nicht ausgeschenkt werden außer nach St. Georgi bei Verlust dieses Weines.

129. Otsuzeni.

Item kdiz by richtarz czlowieka otssuzeneho odprawil, budto mrskanim neb wipowiedienym z miesta anebo kteruzkoly poprawu, tehdy to, czoz gest na niem pod kopu, to birziczowy ma bity, a[1] czoz[1] nad[1] kopu[1], to[1] richtarzy[1] ma[1] bity[1]; a birzicz ma sam trziety s richtarzem w noczy chodity[2].

129. Verurteilung.

Wenn der Richter an einem verurteilten Menschen die Strafe vollzöge, sei es durch Auspeitschen oder durch Ausweisung aus der Stadt oder durch welches Nachgericht immer, dann soll das, was an ihm ist unter einem Schock, dem Büttel gehören, und was über einem Schock ist, dem Richter gehören; und der Büttel soll selbdritt mit dem Richter in der Nacht die Runde machen.

130. Pro dluh wiezen.

Item zjadni miestienin nema pro dluhy wiezien bity, dokudz ma zbozie przed oczima; pakli by nemiel a wsazen bil, nema w miestskem wiezeny byty dele nez do trzetieho dne, a potom ma dluzniku zaruku dan bity, a ten dluznik nebo wierzitel ma gey chowati wedle miestczkeho prawa; pakli by gey ginak chowal, ehdy ma dluh straczen bity; a tomu wiezny ma na kazdy den dano bity za peniez chleba a pinta pywa mladeho a dwie krmy

130. Gefangener wegen Schuld.

Kein Bürger soll wegen Schulden gefangen gehalten werden, solange er ein sichtbares Gut hat; wenn er keines hätte und ins Gefängnis gesetzt würde, so soll er im städtischen Gefängnis nicht länger als bis zum dritten Tage sein, und dann soll er dem Schuldinhaber als Pfand gegeben werden, und der Schuldinhaber oder Gläubiger soll ihn halten nach Stadtrecht; wenn er ihn anders hielte, so soll die Schuldforderung verloren sein; und dem

---

[1] Fehlt in Kl.
[2] choditi pro noczne tulaky y pro gine wieczy in M 3 (Art. 59).

teple, k wobiedu hrach a kuss massa a k weczerzy zele a kuss massa anebo polewku; a ten¹ dluznik nema yzadneho zeleza na ssobie gmiety, a ten² nema we tmie ssediety nez w sswietlem a w teplem miesstie.

Gefangenen soll auf jeden Tag gegeben werden um einen Pfennig Brot und eine Pinte Jungbier und zwei warme Speisen, zu Mittag Erbsen und ein Stück Fleisch und zum Abendmahl Kraut und ein Stück Fleisch oder Suppe; und dieser Schuldner soll kein Eisen an sich haben [nicht in Eisen gelegt werden], und er soll nicht im Finstern sitzen, sondern an einem lichten und warmen Orte.

C. Die Zusätze zu den „Sobieslawschen Rechten".

1. O hagenye hrdla, czti a sbozye.

Item tato swoboda gest miestska, ze kazdy miesstienin blizssy gest sweho hrdla a swe czti nebo sbozye hage³ nezli by gey kto przeswiedezil, kromie consseluow anebo geho wyznany aneb swoleny.

2. O narzczeny aneb vpominany z dluhu.

Item kdyby byla ktera miesstka narzczena neb vpominana z dluhu nebo z peniez kterych, a muz gegy o tom dluhu newiediel a zastupiti gye w tom nechtiel, tehdy ona nema moczy wyecz prosuditi nebo ztratiti nezli trzi halerze geho sbozye; nebo kdyz by przebyla muze sweho, tehdy bude winna odpowiedati⁴.

3. Pacholek neb dyewka mohu w manzelstwye wstupiti.

Item kazdy pacholek nebo diewka,

1. Vom Verteidigen des Halses, der Ehre und des Gutes.

Darin besteht eine städtische Freiheit, daß jeder Bürger näher ist, seinen Hals und seine Ehre oder (sein) Gut zu verteidigen, als daß ihn jemand überzeuge, ausgenommen die Ratmannen oder sein Geständnis oder (seine) Einwilligung.

2. Vom Beschuldigen oder Mahnen wegen einer Schuld.

Wenn irgendeine Bürgerin beschuldigt oder wegen einer Schuld oder wegen irgendwelchen Geldes gemahnt würde, und ihr Mann von dieser Schuld nichts wüßte und sie hierin nicht vertreten wollte, dann hat jene keine Macht, mehr vor Gericht durchzukämpfen oder zu verlieren als drei Heller seines Gutes; wenn sie nun ihren Mann überlebte, dann wird sie schuldig sein, Rede und Antwort zu stehen.

3. Ein Knecht oder eine Magd können in die Ehe treten.

Wenn ein Knecht oder eine Magd

---

[1] take in allen anderen Handschriften außer Kl und Wi 1 und F 2.
[2] také in allen anderen Handschriften außer Wi 1 und M 4.
[3] braniti a(nebo) hagiti in PU 2, M 3, M 4; branie anebo hage in M 2, Kl.
[4] z toho dluho odpowiedati in Kl, PU 2, M 2, M 3, M 4.

IV. Ausgabe.

kdyz by chtiel w manželstwo wstupiti, tehda gemu nema branieno byti any gy pro sluzbu neb pro dluhy, bud od pana neb od panye, ani wiezenim ani swlaczenim s nich[1] ssatuow, nez rukogmie gma przigyeti a do roka a do dne toho dluhu czekati, a vmrzel li by geden z nich, (ziwy)[2] gma ten dluh zaplatiti.

4. Gleyth zachowati.

Item komuz bude gleit dan, zlemu aneb dobremu, gma on naprzed ten gleit zachowati, chcze li aby gemu byl ot ginych zdrzan, a rzeczy y skutkem geho neprzestupowati; pakli by gey przestupil, tehdy nemuoz gim wyecze vpominati ani komu winny dati nez sam sobie.

5. Tyto gsu swobody miestskee.

Item že miestienin, bud conssel neb kterykoli vrzednik, muož otpusstienye od miesta wzyeti a poczet vcziniti, s kopy po ssesti grossych dati se wsseho sbozye, kterez gma przed oczima, mowiteho, cztyrzi sudy na se prowolati w tom rocze; a kdyz rok mine a ssest nediel, tehdy swobodnym czlowiekem ostane przed tyem prawem.

6. Otecz synu muož daati, czoz chcze.

Item druha swoboda gest w miestie, ze otecz swemu dietieti muož dati czoz chcze za geho dyel, a on nemuož na niem wyecz gmyeti ze zlee wuole ani

in die Ehe treten will, dann soll es ihm oder ihr nicht verwehrt werden wegen des Dienstes oder wegen Schulden, sei es vom Herrn oder der Frau [Herrin], weder durch Arrest noch durch Ausziehen ihrer Kleider, sondern er soll eine Bürgschaft annehmen und Jahr und Tag dieser Schuld warten und wenn einer von ihnen stürbe, so soll der (Überlebende) diese Schuld bezahlen.

4. Das Geleite einhalten.

Wem das Geleite gegeben würde, er sei schlecht oder gut, der soll zunächst dieses Geleite einhalten, wenn er will, daß es ihm von anderen gehalten werde, und mit Wort und Tat dasselbe nicht übertreten; wenn er es überträte, dann kann er nicht mehr daran erinnern noch jemandem eine Schuld geben, außer sich selbst.

5. Dies sind städtische Freiheiten:

Daß ein Bürger, sei er (auch) ein Ratmann oder sonst irgendein Beamter, kann von der Stadt Urlaub nehmen und abrechnen, (hiebei) vom Schock sechs Groschen geben von allem beweglichen Gut, das er vor Augen hat, (sowie) vier Gerichte in dem Jahre auf sich ausrufen (lassen); und wenn ein Jahr und sechs Wochen verstreichen, dann bleibt er ein freier Mann vor diesem Gerichte.

6. Der Vater kann dem Sohne geben, was er will.

Eine zweite Freiheit ist es in der Stadt, daß der Vater seinem Kinde geben kann, was er will, als seinen Teil, und es kann bei ihm nicht mehr

---

[1] swych in Kl, M 2, PU 2, M 3, M 4.
[2] ziwy in PU 2, M 3, M 4; ten in PA.

prawem, doniž gest žiw, nez po smrti napady sprawedliwee, acz by bez poruczenstwie vmrzel.

7. Miestienin muož swe sbozye daati, komuž chcze.

Item trzetye swoboda gest, že miestienin muož swe sbozye dati komuz chcze, bud miestieninu nebo hosti, beze wssye przekazy; nez da li je hosti a ten host cheze li to sbozye prodati a penyeze precz otnesti, tehdy gma z tiech peniez poczet veziniti, s kazde kopy ssest grossuow; a byl li by ten miestienin czo dlužen, gesto by mohlo vkazano byti wedlee miestskeho rzadu, tehdy ten dluh naprzed gma zaplaczen byti s toho sbozye[1].

haben, (weder) mit bösem Willen noch mit Recht, solange er lebt, sondern nur nach seinem Tode die rechtmäßigen Anfälle, falls er ohne Vermächtnis stürbe.

7. Ein Bürger kann sein Gut geben, wem er will.

Eine dritte Freiheit ist es, daß ein Bürger sein Gut geben kann, wem er will, sei es einem Bürger oder einem Gast ohne jedes Hindernis; gibt er es aber einem Gast und will der Gast das Gut verkaufen und das Geld wegtragen, dann soll er von diesem Geld Rechnung legen, von jedem Schock sechs Groschen; und wäre der Bürger etwas schuldig, was nach Stadtrecht bewiesen werden könnte, dann soll diese Schuld vorerst von diesem Gute bezahlt werden.

D. Die Zusätze zum Stadtrecht der Altstadt Prag.

1. O otbyty nayprw kniezy a hosty a syrotkuow.

Item purgmistr gma nayprwe kniezy, hosty a syrotkuow otbywati.

2. Poczta purgmistrowa kniežym a ženam.

Item kdyz by kniez, pany anebo kterakoliwiek zena budto y vrzednik do raddy przissli, purgmistr gma gich tyem pocztiti a kazati gim sednuti.

3. Item prazne zenky nemagi ginak choditi nez w slogierzkach s kragi zlutymy, aby po tom znany byly.

4. Item kath a katowa nema ginak choditi nez w czrwenem russie; a

1. Vom Abfertigen zunächst der Priester und Gäste und Waisen.

Der Bürgermeister soll zuerst Priester, Gäste und Waisen abfertigen.

2. Die Ehrenbezeugung des Bürgermeisters für Priester und Frauen.

Wenn ein Priester, eine Frau oder welch ein Weib immer oder auch ein Beamter in den Rat kämen, soll der Bürgermeister sie dadurch ehren und sie zum Sitzen einladen.

3. Frei-Mädchen sollen nicht anders einhergehen als in Schleiern mit gelben Rändern, damit sie darnach erkannt werden.

4. Der Henker und die Henkerin sollen nicht anders einhergehen als

---

[1] Folgt noch bez wsselike otpornosti in **PU 2**.

take magi piet pacholkuow chowati; a ma kath na tiden puol kopy myeti od miesta.

5. Czo gmaa dati kupecz host vngeltu a czo miesstienin.

Item kupecz gma dati vngelthu po puol grossi s kopy host a miesstienin po trzem halerzom s kopy.

6. Czo gmaa dati kupecz vngelthu, weza kupi skrze miesto.

Item kdyz by ktery kupecz wezl kupi swu skrze miesto, tehdy polowiczy vngelthu gma dati.

7. Zemenin y sedlaak mezy diedinami swymi magy cesty oprawowati.

Item kazdy zemenin y[1] sedlak gma mezy swymi diedinami czesty oprawowati; pakli by neoprawowal, mohu gemu przes geho diediny geti.

8.[2] Kdyz by nowy kral do Prahy gel, tehdy kazde rzemeslo gma swu koruhew gmieti pod swym cechem a znamenim k wygity proti niemu.

9. Rzeniczy.

Item rzeniczy magy naprzed gyti; a na swe koruhwi czerwenee magy gmyeti lew[3] byely[3] bez koruny o gednom oczasu; a na druhe stranie tee koruhwe gma byti malowana mrzyeže, genz na branu wisy, a s obu stranu odienecz, an gi seka se-

in rotem Gewand; und sie sollen auch fünf Knechte halten; ferner soll der Henker wöchentlich ½ Schock von der Stadt haben.

5. Was ein Gastkaufmann an Ungeld geben soll und was ein Bürger.

Der Gastkaufmann soll an Ungeld geben ½ Groschen vom Schock, und der Bürger drei Heller vom Schock.

6. Was ein Kaufmann an Ungeld geben soll, der Kaufmannsgut durch die Stadt führt.

Wenn ein Kaufmann sein Kaufmannsgut durch die Stadt führte, dann soll er die Hälfte Ungeld geben.

7. Landmann und Bauer sollen zwischen ihren Grundstücken [Erbe] die Wege instandhalten.

Jeder Landmann und Bauer soll, zwischen seinen Grundstücken die Wege instandhalten; würde er sie nicht instandhalten, so kann man ihm über seine Grundstücke fahren.

8. Wenn ein neuer König auf der Fahrt nach Prag wäre, dann soll jedes Handwerk sein Banner haben unter seinem Zechenschilde, um ihm (damit) entgegenzugehen.

9. Die Fleischer.

Die Fleischer sollen vorangehen; und auf ihrem roten Banner sollen sie haben einen weißen Löwen ohne Krone mit einem Schweife; und auf der anderen Seite dieses Banners soll gemalt sein ein Fallgitter, das auf einem Tor hängt, und von beiden

---

[1] neb in Kl.
[2] Dient in allen Handschriften als Überschrift zu den folgenden 13 Artikeln; in M 1 nur gekürzt: Item kdyz by nowy kral byl.
[3] lwa bieleho in Wi 1; czerweneho lwa in M 2.

kyru¹; a ten erb magy od krale Jana slepeho; neb kdyz gesł przed miestem lezal, tehdy gsu rzezniczy branu sekyrami wyrubali, aby gey pustili do miesta.

10. Zlattniczy.

Item zlattniczy magy gmyeti koruhew modru a w ny kalich zlatty a k tomu na druhe stranie sstyt byely a w niem trzye sstitkowe czerweny; a pod tuu koruhwy magy gyti zlattniczy, malerzi² a sstitarzi.

11. Platnerzy.

Item platnerzi magy gmieti koruhew zelenu a na nye odienecz w ostrohach s meczem y we wssem odieny zawrzenem³ a take pod tu koruhew slussegy brnyerzi, gehlarzi, helmerzi, ostrozniczy, rotssmidowee, sedlarzi, conwarzi, vzdarzi, rymarzi, pasierzi, kowarzi, miesseczniczy, tobolecizniczy. meczyerzi, tularzi, zameczniczy.

12. Kozissniczy.

Item kozissniczy magy gmieti koruhew czerwenu a przes⁴ ni⁴ sstrych bielyznowy; a s nimi magy giti gircharzi, rukawiczniczy y takee wssiczkni, ktoz kuože barwye.

13. Krayczyerzi.

Item krayczyerzi magy gmieti koruhew modru a na nye magy byti

Seiten ein Gewaffneter, wie er es mit einem Beile einschlägt; und dieses Wappen haben sie von König Johann dem Blinden; denn als er vor der Stadt lag, da haben die Fleischer das Tor mit Beilen zerstört, um ihn in die Stadt einzulassen.

10. Die Goldschmiede.

Die Goldschmiede sollen haben ein blaues Banner und darin einen goldenen Kelch und dazu auf der anderen Seite ein weißes Schild und in demselben drei rote Schildchen; und unter diesem Banner sollen einhergehen die Goldschmiede, Maler und Schilderer.

11. Die Plattner.

Die Plattner sollen haben ein grünes Banner und darauf einen Gewappneten in Sporen mit einem Schwert und in voller geschlossener Rüstung [in voller Rüstung mit geschlossenem Visier], und es gehören auch unter dieses Banner die Waffenschmiede, Nadler, Helmer, Sporner, Rotschmiede, Sattler, Kannengießer, Zügelmacher, Riemer, Gürtler, Schmiede, Beutelmacher, Taschner, Schwertfeger, Bogner, Schlosser.

12. Die Kürschner.

Die Kürschner sollen haben ein rotes Banner und quer durch einen weißen Strich [Streifen]; und mit ihnen sollen einhergehen die Weißgerber, Handschuhmacher und auch alle, welche Leder färben.

13. Die Schneider.

Die Schneider sollen haben ein blaues Banner, und darauf soll sein

---

¹ a ruka z sekiru in PU 2.
² Fehlt in PU 2, M 3, M 4.
³ Fehlt in Kl.
⁴ na przicznie in PU 2, M 3, M 4.

IV. Ausgabe.

nuoze krayczierzske a postrzihaczske; a pod ni take slussegy postrzihaczi a walcharzi.

14. Ssewczy.

Item ssewczy magy gmyeti koruhew blankytnu a na nye trzi nohy[1] s ostrohami.

15. Nozyerzi.

Item nozierzi magy gmyeti koruhew czerwenu s nozi; a pod ni slussegy czepelniczy, nozikarzi a ssleyfferzi.

16. Sladowniczy.

Item sladowniczy magy gmyeti koruhew byelu a na ny swaty Waczlaw; a take pod ny magy gyti piwowarniczy a wozatagi.

17. Pekarzi.

Item pekarzi magy gmyeti koruhew czerwenu a na ny czalta byela a przeczliky; a pod ni take slussegy mlynarzi.

18. Beczwarzi.

Item beczwarzi magy gmyeti koruhew byelu a na ny gma byti palicze pobigeczy a na druhe stranie kruzidlo.

19. Lazebnyczy.

Item lazebniczy magy gmyeti koruhew byelu a na ny zeleny wienik.[2]

20. Sukenniczy.

Item sukenniczy magy gmyeti koruhew byelu a na ny krample a sstietky.

21. Kramarzi.

Item kramarzi magy gmyeti koruhew zelenu[3] a na ny wahy czerwene.

eine Schneiderschere und eine Tuchschere; und unter dasselbe gehören auch die Tuchscherer und Walker.

14. Die Schuster.

Die Schuster sollen haben ein himmelblaues Banner und darauf drei Füße mit Sporen.

15. Die Messerschmiede.

Die Messerschmiede sollen haben ein rotes Banner mit einem Messer; und unter dasselbe gehören die Klingenschmiede, Scherenschmiede und Schleifer.

16. Die Mälzer.

Die Mälzer sollen haben ein weißes Banner und auf ihm den heiligen Wenzel; und unter ihm sollen auch einhergehen die Bierbrauer und Fuhrwerker.

17. Die Bäcker.

Die Bäcker sollen haben ein rotes Banner und auf ihm weiße Zelteln [Striezel] und Brezeln; und unter dasselbe gehören auch die Müller.

18. Die Böttcher.

Die Böttcher sollen haben ein weißes Banner und auf ihm soll sein ein Binderschlägel und auf der anderen Seite ein Zirkel.

19. Die Bader.

Die Bader sollen haben ein weißes Banner und auf ihm einen grünen Kranz.

20. Die Tuchmacher.

Die Tuchmacher sollen haben ein weißes Banner und auf ihm einen Krämpelkamm und Schildchen.

21. Die Krämer.

Die Krämer sollen haben ein grünes Banner und auf ihm eine rote Wage.

---

[1] nohy w sskorniech in PU 2.
[2] Folgt noch: a pod ni slussegi barbirzi in Kl, M 1, F 1, PU 1.
[3] blankytnu in PU 2.

22. O popadeny v winiczy.

Item kdyz by kto byl v winiczy popaden bez wuole toho, czyez gest winicze, ten gma swleczen byti od pergmistra[1]; pakli by nalezen byl, an wino berze aneb les winny aneb že by czo vkradl v winiczy, ten gma hrdlo ztratiti; pakli by stoge przed winiczy y lamal owocze anebo wino przes zed ruku sahage, ten gma ruku ztratiti; pakli by se branil pergmistrowi a on gey zabil, tehdy nema zan wyecze dati nezli trzi halerze; a byl li by kto w czyzolozstwy v[2] winiczy[2] popaden, ta poprawa slussye na pergmistra[3].

23. O zwedeny na winiczy pro dluhy.

Item kdyz koho pergmistr[4] na winiczy zwede pro dluhy, nema wyecz ot nieho wzyeti gedno piet grossuow; pakli by kteru winiczy rozdawal w vrok, tehda nema wyecz wzyeti nez piet grossuow od kazde osoby a pisarzi gross a mierziczi od kazdeho strycha puol grosse; pakli by komu list dal k diediczstwy, tehdy gma pergmistr[5] deset grossuow gmyeti a pisarz piet grossuow; pakli by kto mezy druhemu przekopal, tehda gma pergmistru kopu dati.

22. Von der Festnahme in einem Weinberg.

Wenn jemand in einem Weinberg festgenommen würde ohne den Willen deſſen, dem der Weinberg gehört, der ſoll vom Bergmeiſter ausgezogen werden; wenn er betroffen würde, wie er Wein nimmt oder einen Weinſtock* oder daß er etwas im Weinberg ſtehlen würde, der ſoll den Hals verlieren; wenn er vor dem Weinberg ſtünde und Obſt oder Wein brechen würde mit der Hand über die Mauer langend, der ſoll die Hand verlieren; wenn er ſich gegen den Bergmeiſter wehrte und dieſer ihn erſchlüge, dann ſoll er für ihn nicht mehr geben als drei Heller; und würde jemand im Ehebruch im Weinberg feſtgenommen, das Gericht darüber gehört dem Bergmeiſter.

23. Von der Einführung [Anleite] in einen Weinberg wegen Schulden.

Wenn der Bergmeiſter jemanden in einen Weinberg einführt wegen Schulden, dann ſoll er nicht mehr von ihm nehmen als fünf Groſchen; wenn er einen Weinberg gegen Zins austeilte, dann ſoll er nicht mehr nehmen als fünf Groſchen von jeder Perſon, und dem Schreiber (gebührt) ein Groſchen und dem Vermeſſer von jedem Strich ½ Groſchen; wenn er jemandem eine Eigentumsurkunde gäbe, dann ſoll der Bergmeiſter zehn Groſchen haben und der Schreiber

---

[1] purgmistra in PU 2, M 3.
[2] Fehlt in Kl.
[3] purgmistra in Kl, M 3.
[4] purgmistr in PU 2.
[5] purgmistr in Kl.
* Vielleicht Weinpreſſe, lis winny.

24. Kto gmaa sspitaly zprawowati.

Item žadny nema zprawowati sspitaluow, kterziž w miestie ležye, nez consselee a obeczny, kterziž k tomu budu wydani.

25. Od sspitaluow sbozye nema byti prodawano.

Item žadnee sbozye nemuož byti otprodano od sspitaluow; a toho gsu dobree listy, magestaty a potwrzenye ot krale Ottagara a druhe od czyesarze Karla.

26. Mistrskaa a collegiatska sbozye nemagy byti prodawana.

Item zadna sbozye mistrska[1], kteraž slussye k vczeny aneb k collegi, nemagy prodana ani zastawowana byti; toho gsu dobrzy listy a potwrzenye ot krale Ottagara a od czyesarze Karla.

27. O nalezeny knieze aneb mnicha w swietskem russe.

Item kdyz by byl kniez anebo mnich nalezen w swietskem russe, an se prom enil, tehdy tak gmaa suzen byti, yakz gest nalezen, a proti tomu negma duchowny mluwiti; a toho gsu listy od czyesarze Karla.

28. Pro swadu hokyny toto trestanye gma byti.

Item když se hokynie swadye anebo prodawaczky, kterež na trhu sedye,

---

[1] miestskaa in M 2.

fünf Groschen; wenn jemand den Grenzrain einem anderen umgraben würde, dann soll er dem Bergmeister ein Schock (Groschen) geben.

24. Wer die Spitäler verwalten soll.

Niemand soll die Spitäler verwalten, welche in der Stadt liegen, als die Ratmannen und die Gemeindemitglieder, welche dazu beordert werden.

25. Von Spitälern soll Gut nicht verkauft werden.

Kein Gut kann wegverkauft werden von Spitälern; und dafür gibt es gute Urkunden, Majestätsbriefe und Bestätigungen von König Ottokar und andere von Kaiser Karl.

26. Das Gut der Magister und der Kollegien soll nicht verkauft werden.

Kein Gut der Magister, das zum Studium [Universität] gehört oder zu einem Kolleg, soll verkauft oder verpfändet werden; dafür gibt es gute Urkunden und Bestätigungen von König Ottokar und von Kaiser Karl.

27. Vom Betreffen eines Priesters oder Mönches in weltlichem Gewande.

Wenn ein Priester oder ein Mönch in weltlichem Gewande gefunden würde, indem er sich verkleidet hat, dann soll er so gerichtet werden, wie er gefunden wurde, und dagegen soll kein Geistlicher reden; und dafür gibt es Urkunden von Kaiser Karl.

28. Für den Streit der Hökerinnen soll diese Bestrafung gelten.

Wenn sich Hökerinnen streiten oder Verkäuferinnen, welche auf dem Markt

tehdy gmaa gedna žernowky¹ kamenee¹ nosyti¹ a druhaa gi buosti² a ona gi zase od pranerze az k ssatlawie.

29. O zwonieny w zwonecz rychtarzuow v weczer.

Item kdyz wyzwonye w rychtarzuow zwonecz v weczer, tehdy nema yzadny neusedly bez swietla gyti; pakli by byl bez swietla nalezen, tehdy braň, kteruž gmaa v sebe, gmaa ztratiti a w ssatlawie sedieti tu nocz; a nebude li zlodieg, tehdy gmaa z gitra cztyrzi grosse od ssatlawy dati rychtarzowi a birziczy gross a gmaa pusstien byti.

30. Tomu, ktož by zlodiege na czestie vhonil, czo mu gma vezinieno byti za geho praczy.

Item kdyz by kto vhonil zlodiege na czestie, tehdy, czoz gest pod nym a³ na³ niem³, to gmaa gemu za geho truud a praaczy dano byti a zlodieg gmaa dan byti ku prawu⁴; pakli by kto poznal czo sweho podlee toho zlodiege, tehdy gmaa gemu zase nawraczeno byti na kolaczi za onoho truudu a za praczy.

31. Pokuta pro laany, když by se poznal.

Item kdyz by kto komu nalal a nepoznal se, gmaa za to praaw byti; pakli by

sitzen, dann soll die eine einen Mühlstein (vom Gefängnis zum Pranger) tragen und die andere sie aufstacheln [mit einem Stachel antreiben] und jene sie wieder vom Pranger bis zum Gefängnis.

29. Vom Abendläuten mit der Glocke des Richters.

Wenn die Glocke des Richters am Abend ausgeläutet hat, dann soll kein Nichtansässiger ohne Licht einhergehen; wenn er ohne Licht gefunden würde, dann soll er die Waffe, welche er bei sich hat, verlieren und im Gefängnis sitzen diese Nacht über; und ist er kein Dieb, dann soll er des Morgens vier Groschen vom Gefängnis dem Richter geben und dem Büttel einen Groschen und soll entlassen werden.

30. Was demjenigen, der einen Dieb auf der Straße erjagen würde, geleistet werden soll für seine Arbeit.

Wenn jemand einen Dieb auf der Straße erjagte, dann soll, was unter ihm und auf ihm ist, jenem für seine Mühe und Arbeit gegeben werden und der Dieb soll dem Gericht übergeben werden; wenn jemand etwas als seines erkennen würde bei diesem Dieb, dann soll es jenem wieder zurückgegeben werden gegen ein Entgelt [Kollation] für jenes (Mannes) Mühe und Arbeit.

31. Die Strafe für eine Schmähung, wenn er bekennen würde.

Wenn jemand einen anderen geschmäht und es nicht einbekennt hätte,

---

[1] zŕnowy kamen od ssatlawy k pranerzi nesti in Wi 1.
[2] bosti spiczemi in PU 2.
[3] Fehlt in Kl.
[4] popravu in Kl.

se poznal, tehdy gmaa piet grossuow rychtarzowi dati a onoho odprosyti, aby mu pro buoh odpustil.

32. O lichwie miesstienina s zidy.

Item kdyz by byl miesstienin nalezen s zidy lichwie neb kterakzkoliwiek lichwie — yakozto, že by puoyczowal do vrczeneho czasu niekomu na zaklad peniez a pro newyplaczenye zakladu na vrczeny czas nechtiel by potom miesstienin zakladu wratiti wyplaczugiczyemu, chtie aby zaklad ztraczen byl[1]; aneb že by niekteruu wiecz prodada y tuuž wiecz nepokažzenu a[le] tak dobruu, yakz gi gest prodal, od tehož zase laczyniegy kupil; a tak dale o ginych kusyech lichwy — tehdy ten miesstienin anebo budto host ztratil gest hrdlo y sbozye[2] na odsuzenye consselskee.

33. O vteczeny lichewnika z miesta.

Item gest li, ze by ten lichewnik z miesta vtekl, tehdy geho sbozye nemowitee, yakozto domy, winicze, dworowee, spadlo gest na obecz a sbozye mowitee, yakozto penyeze, koni, odienye, rucho geho, na krale; a ženie gmaa byti wydana domowa przyprawa, kteraz slowe hauzroth, yako rucho chodiczye gegye a lehaczye a czož k stolu a k kuchyni przislussye, acz by diety niemiel; pakli by dieti miel, tehda tiem dietem

32. Vom Wucher eines Bürgers mit Juden.

Wenn ein Bürger gefunden würde, wie er mit Juden oder sonstwie Wucher treibt, — wie: daß er bis zu einer bestimmten Zeit jemandem auf ein Pfand Geld borgte und wegen Nichtauslösung des Pfandes zur bestimmten Zeit nachher der Bürger das Pfand nicht mehr zurückgeben wollte dem Auslösenden, wollend, daß das Pfand verfallen sei; oder daß er eine Sache verkauft und dieselbe Sache unbeschädigt, und ebenso gut, wie er sie verkauft hat, von demselben billiger wieder zurückkaufte; und so weiter von anderen Fällen des Wuchers —, dann hat der Bürger, oder sei es auch ein Gast, den Hals verwirkt und sein Gut auf die Verurteilung durch die Ratmannen hin.

33. Vom Entfliehen des Wucherers aus der Stadt.

Wenn der Wucherer aus der Stadt entwichen wäre, dann ist sein unbewegliches Gut, wie Häuser, Weinberge, Höfe, an die Gemeinde gefallen, und das bewegliche Gut, wie Geld, Pferde, Rüstzeug, sein Gewand, an den König; und der Frau soll herausgegeben werden die häusliche Einrichtung, welche Hausrat genannt wird, wie ihr Tragkleid und Schlafgewand * und was zum Tisch und zur Küche gehört,

fo soll er dafür gestraft [gerichtet] werden; wenn er bekennen würde, dann soll er fünf Groschen dem Richter geben und jenen abbitten, daß er ihm um Gottes willen verzeihe.

---

[1] byl a przi niem zuostal in PU 2.
[2] statek in PU 2.
* Im Original ist das Bild ein anderes; der Gegensatz ist choditi und lehnouti, gehen und liegen.

muož y gmaa obecz milost vcziniti pro tu prziczinu, že kazdy miesstienin kupuge domy sobie a swym diediczom a buduczym, a to gsu naysprawedliwieyssy geho buduczy dieti.

34. O zapsanye miesstienina domu sweho aneb gineho sbozye podlee sebe w kniehy ženie, dietem aneb przatelom.

Item když by w miestskem rzaadu miesstienin duom neb winiczy aneb ktereezkoli sbozye sobie kupil a swe ženie neb dyetietie swemu neb kteremu przyeteli swemu, kterehozto gmeno podlee gmeena sweho w trh neb w knyehy psaati by kazal, tehdy nemuoz gemu przyeteli swemu pro to gmeeno psanee w knyehach geho dyelu wzyeti, a tak¹ ženie ani dyetieti; neb kazdy miesstienin neb miesstka muož swe sbozye dati anebo zapsati przyeteli swemu bez wiedomye geho, ale wzyeti zase bez wuole a wiedomye geho nemuoz.

35. O vteczenye miesstienina: pro zradu, mord, zlodieystwie, naasylee etc.

Item kdyz by miesstienin pro zradu neb pro mord neb pro zlodiegstwye neb pro nasylee neb pro kwalth vtekl z miesta, tehdy dwie czesti geho sbozye spadly gsu na obecz a na geho zenu trzetina a przipraa domowa, kteraz slowe hauzroth, a to acz by

wenn er keine Kinder hätte; wenn er Kinder hätte, dann kann und soll diesen Kindern die Gemeinde Gnade gewähren aus dem Grunde, weil jeder Bürger Häuser für sich und seine Erben und Nachkommen kauft und dies sind mit vollstem Recht seine (ihm) nachfolgenden Kinder.

34. Von dem Einschreiben eines Hauses oder anderen Gutes durch einen Bürger neben seinem Namen in den Büchern für die Frau, die Kinder oder die Freunde.

Wenn im Bereich der städtischen Ordnung ein Bürger ein Haus oder einen Weinberg oder welches Gut immer sich kaufte und seiner Frau oder seinem Kinde oder einem seiner Blutsfreunde, dessen Namen er neben seinem Namen in den Kaufvertrag oder in die Bücher schreiben ließe, dann kann er jenem seinem Blutsfreund wegen dieses in den Büchern eingetragenen Namens nicht sein Anteilsrecht nehmen, desgleichen seiner Frau oder seinem Kinde; denn jeder Bürger oder Bürgerin kann sein Gut seinem Blutsfreund ohne sein Wissen geben oder einschreiben, aber nehmen wiederum ohne dessen Willen und Wissen kann er es nicht.

35. Vom Entfliehen eines Bürgers: wegen Verrat, Mord, Diebstahl, Gewalttat usw.

Wenn ein Bürger wegen Verrat oder wegen Mord oder wegen Diebstahl oder wegen Gewalttat oder wegen Gewalt aus der Stadt fliehen würde, dann sind zwei Teile seines Gutes an die Gemeinde gefallen, und an seine Gattin ein Drittteil und die

---

¹ otgieti a take in PU 2.

o tiech w nnach¹ newiediela; pakli by czo wiediela, tehda by swe praawo wsseczko ztratila; a gest li že by ten miesstienin hrdlem trpiel, tehda to wsseczko sbozye geho gma prži diediczych geho ostati, ale tak, aby to nawraczeno bylo tiem, komuz by vkradl neb byl winen ten miesstienin podlee nalezu consselskeho.

häusliche Einrichtung, welche Hausrat genannt wird, und dies (nur dann), wenn sie von diesen Verschulden nicht wüßte; wenn sie etwas wüßte, dann würde sie all ihr Recht verlieren; und wenn dieser Bürger mit dem Hals büßte, dann soll sein ganzes Gut bei seinen Erben bleiben, aber so, daß das dem zurückgegeben werde, wem er gestohlen hätte oder wozu dieser Bürger schuldig wäre nach dem Spruche der Ratmannen.

36. Opiet o vteczenye: nemagiczyeho žaadnee winny.

Item kdyz by miesstienin vtekl z miesta, nemage k sobie zadnee winny nez, že nechtiel s obczy ostati, a geho žena ostala s obczy, tehdy trzetina toho sbožye spadne na ženu a dwie czesti na obecz; pakli by gemu kdy milost dana byla, tehdy on swe sbožye, kterež gest na obecz spadlo, acz by ge obecz daduczy niekomu neb prodaducz kterak zawadila, gma wyplatiti v toho, ktoz by ge drzal, wedlee geho wuole a wedlee milosti, anebo bud y (v)² obcze².

36. Nochmals vom Entfliehen: eines, der gar keine Schuld hat.

Wenn ein Bürger aus der Stadt fliehen würde, der keine Schuld auf sich hat außer, daß er mit der Gemeinde nicht mehr verharren wollte, und seine Gattin verharrte mit der Gemeinde, dann fällt ein Drittel dieses Gutes an die Frau und zwei Drittel an die Gemeinde; wenn ihm einstens Gnade gewährt würde, dann soll er sein Gut, das an die Gemeinde gefallen ist, wenn es die Gemeinde jemandem übergeben oder veräußert hätte und so irgendwie mit Beschlag belegt hätte, auslösen bei dem, der es in seiner Gewere hätte, mit seinem Willen und gemäß der (erlangten) Gnade, oder etwa auch bei der Gemeinde.

37. O staweny rzemeslnikuow na trhu.

Item kazde rzemeslo aneb obchod gmaa pohromadie stati s trhy swymi, kdez gim bude myesto vkazano, gedno druhemu neprzekažege.

37. Vom Aufstellen der Handwerker auf dem Markte.

Jedes Handwerk oder Handel soll beisammen stehen mit seiner Marktware, wo ihnen der Platz angewiesen wird, eines das andere nicht hindernd.

---

¹ muzowych winnach in PU 2.
² v obcze in PU 2, M 3, M 4.

IV. Ausgabe.

38. Placzenye bernie po czem z domu.

Item yžadny miesstienin wyss berny platity nema nez s kazde kopy, kolik gich za duom daa, po trzem halerzom za gednu berni; a z dworu polowiczy y s diedin.

39. Placzenye s gineho sbozye.

Item kupil li by[1] mlyn anebo winiczy a plat komorny anebo doziwotny, z toho gmaa poczet veziniti a tak s kazde kopy, za kolik kop to swrchugmenowanee sbozye kupy, gmaa dati po trzem grossom.

40. Zemenin a wladyka gsucze w miestie w podruzy, kterak magy zachowani byti.

Item kdyz by se przistiehowal zemenin a[2] wladyka do miesta, a byl w podruzy, a hospodarzowa ohnie vziwage, a nepoziwal niczimz miesta, ani obchodu miel ktereho w miestie, tehdy nenye wyecz powinen než zdy braniti w miestie; pakli by pokoy nagial, tehda gest powinen z dymu platiti dwa grosse gednee bernie; pakli by duom nagial, tehdy powinen gest ponuoczky drzeti a woyny; pakli by piwa warzil anebo hosti chowal, tehdy winen gest s padesati kop platiti.

41. Pokuta, kdy by miesstienin anebo wladyka byli zseczeni.

Item przihodilo li by se, ze by miesstienina praweho nebo wladyku,

38. Wieviel an Bern vom Hause zu zahlen ist.

Kein Bürger soll eine höhere Bern [Losung] zahlen als von jedem Schock, soviel er deren für das Haus gibt, 3 Heller für eine Bern; und vom Hof die Hälfte sowie von Grundstücken.

39. Die Zahlung von anderem Gut.

Kaufte er eine Mühle oder einen Weinberg und einen Kammerzins oder eine Leibrente, hievon soll er Rechnung legen, und so soll er von jedem Schock, für wieviel Schock er das obgenannte Gut kauft, drei Groschen geben.

40. Ein Landmann und ein Wladyke, der in der Stadt zur Miete ist, wie sie gehalten werden sollen.

Wenn ein Landmann und ein Wladyke in die Stadt zuzöge und zur Miete wohnte und des Wirtes Herd benützte, und mit nichts in der Stadt lebte, und auch keinen Handel in der Stadt hätte, dann ist er nichts mehr schuldig als die Mauern zu verteidigen in der Stadt; wenn er ein Zimmer mietete, dann ist er schuldig, vom Herd zwei Groschen für eine Bern zu zahlen; wenn er ein Haus mietete, dann ist er schuldig, Nachtwachen zu halten und Heerfahrten (mitzumachen); wenn er Bier braute oder Gäste hielte, dann ist er schuldig, von 50 Schock (Groschen Steuer) zu zahlen.

41. Die Strafe, wenn ein Bürger oder ein Wladyke verwundet würden.

Ereignete es sich, daß einen rechten Bürger oder einen Wladyken, welcher

---

[1] by miesstienin in PU 2; by kto in Kl, M 2.
[2] nebo in Kl, M 2, PU 2, M 3, M 4.

kteryzto nemage gineho obchodu gedno diedinami anebo platy v miestie by sediel, kto zsekl, a ten od toho sseczenye kterym vdem chrom byl, tehdy za kazduu chromotu ten, ktoz by takoweho miesstienina¹ ochromil, gmaa dati sto grossuow; pakli by otho miesstienina ohawnu ranuu zseka kterak ohawil, tehda by ten miesstieninu miel a gmaa dati za tu raanu ohawnu padesate grossuow; pakli by byla miesstieninu z toho bitye modraa rana, tehdy ten, ktoz by miesstienina takowu modruu ranuu ohawil, gmaa pietmezdczyetma grossuow miesstieninu tomu daati; pakli by miesstienina ranil, kteraazto raana byla by skrytaa, za tu miesstieninu gmaa dati patnadczte grossuow; pakli by gemu ruku anebo nohu vtial anebo oko kterak wyrazyl, tak gessto by gim newidiel, tehdy ten, ktoz by to vezinil, gmaa platiti za puol czlowieka; pakli by ten miesstienin od tiech ran zseczenych vmrzel, tehdy ten, ktoz by gey zsekl, gmaa zaň padesate kop grossuow dati.

42. O swobodie miestskee przi swadie dwuu.

Item gest li ze by se dwa swadila w miestie, a geden przed druhym chtie poziti miestskee swobody vtekl by do domu gsa przemozen, a biežal li by po vtyekagiczym s nahuu brany ten² (druhy)² do domu anebo na duom, tehdy gmaa hrdlo ztratiti, proto ze gest vezinil proti miestskee swobodie.

sonst keinen Handel hat, sondern bloß mit Grundstücken oder Renten in der Stadt säße, jemand verwundete, und derselbe von dieser Verwundung an einem Glied lahm wäre, dann soll für jede Lähmung der, welcher einen solchen Bürger gelähmt hätte, 100 Groschen geben; wenn er diesen Bürger durch eine entstellende Wunde, die er ihm schlägt, irgendwie entstellte, dann sollte und soll dieser dem Bürger für die entstellende Wunde 50 Groschen geben; wenn dem Bürger von diesem Schlag eine blaue Wunde (zugefügt) wäre, dann soll der, welcher den Bürger mit einer solchen blauen Wunde entstellt hätte, 25 Groschen diesem Bürger geben; wenn er den Bürger verwundete, welche Wunde verborgen wäre, dafür soll er dem Bürger 15 Groschen geben; wenn er ihm eine Hand oder einen Fuß abhiebe oder ein Auge irgendwie ausschlüge, so daß er damit nicht sehen würde, dann soll der, welcher dies täte, für einen halben Menschen zahlen; wenn der Bürger an diesen geschlagenen Wunden stürbe, dann soll der, welcher ihn verwundete, für ihn 50 Schock Groschen geben.

42. Von der städtischen Freiheit beim Streite zweier.

Wenn zwei in der Stadt in Streit gerieten, und der eine vor dem zweiten, um von der städtischen Freiheit Gebrauch zu machen, in ein Haus fliehen würde, nachdem er besiegt [überwältigt] ist, und der (zweite) liefe hinter dem Fliehenden mit blanker Waffe in das Haus oder auf das Haus, dann soll er den Hals verlieren, weil er gegen die städtische Freiheit gehandelt hat.

---

¹ miesstienina nebo wladiku in Kl, M 2, PU 2.
² ten druhy in PU 2.

43. Pokuta o sseczenye rzemeslnika, kdyz by od toho vmrzel.

Item ssek li by kto rzemeslnika a on od tiech ran zseczenych vmrzel, tehdy ten, ktoz by gey zsekl, gmaa za hlawu deset kop grossuow dati; a byl li by tiezyerz¹ neb služebny ktery zabit, za tiech hlawy gma piet kop grossuow daano byti.

44. Dokud gmaa miesstienin duom prodany aneb winiczy zprawowati.

Item kdyz by ktery miesstienin duom anebo winiczy komu prodal, tehda ten nema tomu, komuž prodal gest, daale zprawowati než od prwnyeho² suudu, w kteremž gemu tu winiczy aneb ten duom prodany wzda[n], az do roka a do dne.

45. Leta tisyczyho pietisteho cztyrydczateho w pondiely den hromnicz geho kralowska milost raczil gest milostiwee swe powoleny panu purgmistru a raddie stareho miesta Prazskeho dati: gest li zie by kteryz messtian aneb z obywateluow tehoz miesta prawa sweho pobiehna druheho miesstienina neb obywatele z miestske wieczy k ginemu saudu obsylal aneb pohaniel, aby toho kazdeho mocz gmieli naprawiti a potrestati a takowee neporzadne przedsewzety kazdemu zastawiti a przetrhnuti.

43. Die Strafe vom Verwunden eines Handwerkers, wenn er davon stürbe.

Wenn einer einen Handwerker verwundete und der an diesen geschlagenen Wunden stürbe, dann soll der, welcher ihn verwundet hätte, für den Kopf zehn Schock Groschen geben; und wäre irgendein Gewerke oder Dienstbote erschlagen, für deren Kopf sollen fünf Schock Groschen gegeben werden.

44. Wie lange ein Bürger für ein verkauftes Haus oder einen Weinberg Gewähr leisten soll.

Wenn ein Bürger ein Haus oder einen Weinberg jemandem verkaufte, dann soll dieser demjenigen, dem er es verkauft hat, nicht länger Gewähr leisten als vom ersten Gericht, in dem er ihm den Weinberg oder das verkaufte Haus aufläßt, durch Jahr und Tag.

45. Im Jahre 1540, Montag am Lichtmeßtag, geruhte Seine Königliche Majestät seine huldvolle Bewilligung dem Herrn Bürgermeister und dem Rat der alten Stadt Prag zu geben: wenn ein Bürger oder Einwohner dieser Stadt mit Übergehung seines Gerichtes einen zweiten Bürger oder Einwohner in einer städtischen Sache bei einem anderen Gericht belangte oder vorladen ließe, so sollen sie die Macht haben, jeden solchen zur Rechenschaft zu ziehen und zu bestrafen und ein solches rechtswidriges Vorhaben jedem einzustellen und abzubrechen.

---

¹ tierzyž in M 2; těžieř in Kl; tiežarz in PU 2, M 3, M 4.
² hlawnieho in PU 2, M 3; swrchnieho alias od hlawnieho in M 4.

Printed by Libri Plureos GmbH
in Hamburg, Germany